文京洙
Mun Gyongsu

文在寅時代の韓国

――「弔い」の民主主義

岩波新書
1857

はじめに

英国オックスフォード大学付設ロイター・ジャーナリズム研究所が二〇二〇年六月に発表した国別ニュース信頼度についてのレポート（*Reuters Institutes Digital News Report 2020*）によると、韓国は調査対象の四〇カ国中、最下位となっている。フィンランドとポルトガルが同率で一位、日本は二二位、韓国は二〇一六年にこのレポートの調査対象とされて以来、五年連続最下位という不名誉に甘んじている。

レポートは、韓国のメディアごとにその信頼度を明らかにしてもいる。信頼度が最も低いのは『朝鮮日報』、次いで『朝鮮日報』系のケーブルテレビ局のＴＶ朝鮮、さらに『中央日報』『東亜日報』とつづく。つまり韓国で「主要日刊紙」とされる「朝・中・東」の三紙がこの有様なのである。

にもかかわらず、日本では民放のワイドショーや情報番組はもとより、ＮＨＫの報道番組でも、韓国政治に因んだ出来事を報じるのに「韓国の主要日刊紙によると……」とされることが少なくない。この朝・中・東の反共保守といった論調のバイアスを問題にするつもりはない。

問題なのは、韓国を代表する新聞メディアには、ニュースの信憑性そのものが疑われるような見出しや記事がまかり通っているという事実である。

文在寅政権の成立(二〇一七年)以来、そういう「主要メディア」を介して流入する「スキャンダル」が、ワイドショーの無責任な解説やオンライン上の嫌韓サイトに乗ってさらに歪められ、増幅・拡散している。これでは、いくらときを重ねても日韓の市民社会同士の「近くて遠い」関係の溝は埋まりそうにない。

韓国はいま社会変革の過程にある。しかし、変革期にある社会のダイナミズムが日本にはほとんど伝えられていない。本書では、そういう変革期を生きる人々の躍動をありのままに記そうと努めた。もちろん、日常の垣根を超えて人々を変革へと突き動かす動機や背景はさまざまである。本書は、二〇一六〜一七年のろうそく革命から文在寅政権の誕生に至る変革の起点を、盧武鉉前大統領の自死とセウォル号の惨事という、不条理な死にまつわる二つの出来事に求めている。

盧武鉉の死は、韓国の政治社会が逆流や反動へと向かいつつあるなかで、政治の潮目を変え、文在寅政権の誕生へと向かう政治勢力の結集の契機となった。セウォル号の惨事は、ろうそく革命とその後の、公正や正義をめぐる市民社会の尽きることのない衝動を生み出す出発点となった。両者は、ときに齟齬や亀裂を生みながらも、互いに連動しながら朴槿恵政権の退陣とその後の改革（積弊の清算）の推進力となっている。

「文在寅時代」といいつつも、本書は、盧武鉉政権期からコロナ・パンデミックに見舞われた韓国に至る四半世紀余りの歳月をカバーしている。それは、一九九七年の未曽有の通貨金融危機（ＩＭＦ事態）以後の、格差や貧困の蔓延する新しい社会的危機の時代であり、本書は、この危機をめぐる試行錯誤の歩みの記録でもある。言い換えれば、本書は、超大国の利害のひしめく北東アジアの小さな国が、分断国家という重いハンデを背負いながら、民主主義と経済発展（豊かさ）という「二兎」を求めて懸命に歩む人々についての報告である。

目　次

1987年民主化後の政党系列

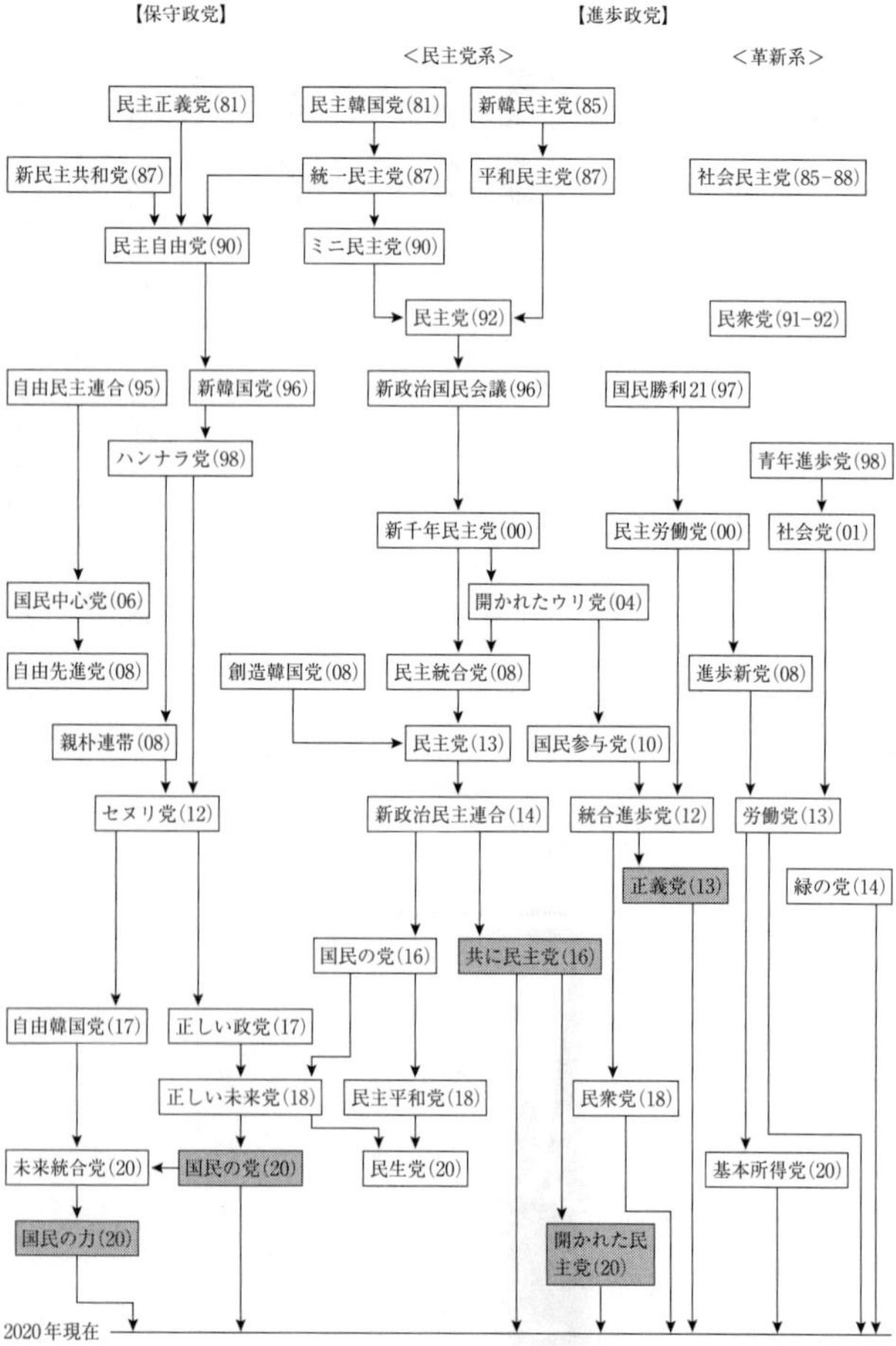

括弧内は結成年，網掛けは2020年10月現在で議席をもつ政党

第1章

盧武鉉から文在寅へ

——韓国における〝進歩〟の系譜

盧武鉉前大統領の遺影を掲げる文在寅（2009年5月23日，共同）

第1節　親盧派の胎動

盧武鉉の死

あまり悲しまないでほしい
生と死はみな自然の一かけらではないのか
私に、すまない、とは思わないでほしい
誰も恨まないでほしい
運命だ

故盧《ノ》武鉉《ムヒョン》大統領が、釜山《プサン》近郊烽下《ポンハ》村（金海市）の自宅付近で自死に及んだ際に記した遺書の一節である。参与政府（盧武鉉政権）の任期（二〇〇三年二月〜〇八年二月）を終えて一年余りを経た、二〇〇九年五月二三日のことであった。就任して三カ月も経たずに大規模なろうそくデモに見舞われ、出鼻をくじかれた李明博《イミョンバク》政権による、逆恨みに近い政治報復が生んだ悲劇だった。

ろうそくデモは、米国産牛肉の市場開放という〈食〉にまつわる問題に端を発し、二〇〇八年六月一〇日の一〇〇万人集会を挟んでおよそ三カ月（二〇〇八年五〜七月）にわたって続いた。それは、進歩・保守といった既存の政治的な枠組みを越えた、一人一人の市民の日常に根差す自発的な異議申し立てを意味していた。盧武鉉自身や参与政府の関係者たちも「現職大統領の立場を尊重して」（文在寅『運命　文在寅自伝』）、デモとは距離を置いていた。だが、ろうそくデモの衝撃は李明博大統領をひどく動揺させ、参与政府とその支持者に対する被害者意識や憎悪の念を募らせた。ろうそくデモが、左がかったマスコミの焚き付けや参与政府による背後操縦によるものだとする逆恨みであった。表向きは殊勝らしく自身の政策運営を国民に詫びながら、水面下ではマスコミや野党政治家、市民運動関係者に対する報復が始まった。

＊韓米FTA交渉での韓国側の譲歩がBSE（牛海綿状脳症、通称狂牛病）の危険性への対処において不十分であることがテレビの検証番組で報道され、李明博政権の不透明な政策運営が批判された。

BSE問題を報じた番組（MBC『PD手帳』）の制作スタッフがまずやり玉にあがり、政府（農林水産食品部）に対する名誉棄損の罪で検察の捜査を受け起訴された。最近になって法務部に設置された「検察過去事委員会」の検証で明らかになったように、「大検察庁（最高検）と法務部が政治的考慮のもとに」強行した立件であった（『ハンギョレ』二〇一九年一月九日）。

韓国を代表する市民活動家で後にソウル市長となる朴元淳◇（当時「希望製作所」理事長）も委託事業の一方的な打ち切りや国情院（国家情報院）による執拗な「民間査察」（内偵）に晒された。この不法査察についても、やはり後になって当時の元世勲《ウォンセフン》国情院長官の指示で対北朝鮮工作用の機密費を使って特別チームが組織され、朴元淳を「左翼市民運動の核心人物」として内偵や尾行、さらにはサイバーチームによるハッキングを仕掛けたことが暴露されている。元世勲は、こうした「民間査察」以外にもインターネットによる不法な世論操作と選挙介入、さらには収賄など、国情院という情報組織を隠れ蓑とする不法行為が明らかになって、二〇一八年四月、四年の実刑判決が確定した。

いわれのない政治報復は、参与政府の関係者により苛酷だった。盧武鉉に近い李海瓚◇、韓明淑◇、金秉準◇といった有力政治家や若い秘書官たちが狙いうちされ、執拗な査察や検察の調査が半ば公然と行われた。盧武鉉個人に対する復讐は、盧の支援者だった実業家の朴淵次《パクヨンチャ》泰光実業会長に対する税務調査に始まり、盧武鉉の兄の盧建平《ノゴンピョン》がターゲットとなった。実際、この盧建平はとかく噂のあった人物で朴淵次から盧武鉉周辺への金品の流れの橋渡し役になっていた。徐甲源◇、李光宰◇など盧武鉉に近い若手議員の逮捕につづいて、側近の鄭相文前総務秘書にまで検察の捜査は及んだ。鄭は朴淵次からブランド品の腕時計など金品を受け取って、盧武鉉の妻の権良淑に渡したことが明らかになった。盧はこの事実を知って激怒し時計をハンマーでたたき割ったという（柳時敏の証言、『国民日報』二〇一七年一一月一七日）。

盧武鉉自身も六〇〇〇万ドルに上る横領や収賄の容疑で事情聴取を受けるが、その間、「検察と気脈を通じたマスコミの断罪と魔女狩りは耐え難いレベルに達していた」（前掲『運命』）。だが、盧武鉉の容疑を裏付ける証拠は、すでに逮捕されて検察の手中にあった朴淵次の陳述だけで、検察は事情聴取の後も逮捕には踏み切れなかった。そんななか盧武鉉は「あまりにも多くの人に迷惑をかけた」という書き出しの、冒頭の一節を含む遺書をパソコンに打ち込んで自死に及んだ。

盧武鉉の死後、金慶漢《キムギョンハン》法務部長官（当時）が公訴権消滅による検察捜査の終結を明らかにした。六月一二日になって検察はその間の「朴淵次リスト」の捜査結果を発表したが、盧武鉉の容疑の具体的な証拠は示されなかった。権良淑夫人をはじめ関係者も起訴されなかった。検察への非難が高まるなかで法務部長官も検察総長も辞意を表明したが、法務部長官の辞表は受理されなかった。

五〇万人の路祭

盧の死が韓国社会に及ぼした衝撃ははかりしれない。哀悼の声とともに盧を死に追い込んだ検察への非難の声が瞬く間にマスコミや政界をおおった。すでに捜査段階から元法務部長官で当時の政権与党ハンナラ党代表の朴熺太《パクヒテ》も「こんな捜査のやり方は初めてだ」と検察を批判していた(『NEWSIS』二〇〇九年四月二〇日)。盧の死をめぐる悲しみと怒りが国中に渦巻き、烽下村のマウル会館に設けられた焼香所には葬儀期間(五月二三〜二九日)に一〇〇万人近くが弔問し、公式の「国民葬」の後に執り行われたソウル広場での路祭《ノジェ》(一般の市民が参列する街頭での追悼行事)には五〇万人の市民が参列した。市民たちが自発的に設置した焼香所は全国で一五〇カ所余りにおよび、葬儀期間の六日間に五〇〇万人の市民が弔問に訪れた(『京郷新聞』二〇〇九年五月二九日)。

国民葬となったのは金大中《キムデジュン》の助言によるもので、葬儀委員には金泳三《キムヨンサム》、金大中などの歴代の大統領が名を連ねた。「大統領! 大統領はいまどこにいらっしゃるのですか」に始まる韓明淑《ハンミョンスク》共同葬儀委員長の切々とした追悼の辞がテレビ放映を通じて全国民の涙を誘った。国民葬となったため現職の国務総理の韓昇洙《ハンスンス》(共同葬儀委員長)、さらに李明博大統領も葬儀に参列した。献花に臨んだ李明博に対してある若手議員(白元宇)◇が「政治報復を謝罪せよ!」と叫んで詰め寄る場面もあった。文在寅は喪主(葬儀委員会運営委員長)として李明博に「弔問に訪れた人に対して非礼であった」と謝罪した。

こうした波乱も含めて、葬儀の一部始終が地上波テレビの三局(KBS、MBC、SBS)によって放映された。葬儀の中継ばかりか、三局は盧武鉉関連の特別番組を連日流し続け、あらためて盧武鉉の一途な人柄や功績を視聴者に思い起こさせた。情報通信革命を背景に、人々の対等で開かれたコミュニケーションが社会や政治のあり方を左右し始めた時代、盧武鉉は、そういう時代の稀有の指導者として人々の記憶の中に生き続けることになった。

文在寅の浮上

盧武鉉の死の直前まで、いわゆる「親盧派」の勢力は冬の時代を迎えていた。盧の死は、盧武鉉という人物の生き様や精神を改めて韓国国民の心に刻むと同時に、親盧派の再結集の契機となって韓国政治の潮目を劇的に変えることになった。そこで蘇った変革への潮流が、幾多の曲折を経ながらも、ろうそく革命から文在寅政権の誕生というドラマを生むことになる。

国民葬を経て二〇〇九年六月三日に実施された世論調査(リアルメーター)では、一〇パーセント前後で低迷していた進歩政党(民主党)の支持率は一気に二七・九パーセントにまで跳ね上がった。二〇〇五年に始まったリアルメーターの定例週間調査で初めて進歩政党が保守政党(ハンナラ党)の支持率(二四・〇パーセント)を上回った。ほぼ六割(五九・三パーセント)の人が盧武鉉の死が現政権の政治報復によるものだと答え、李明博大統領が謝罪すべきだとする回答も五六パーセントに達した(『ハンギョレ』がリサーチプラスに依頼して五月三〇日に実施された調査)。そして何よりも盧武鉉の死は、その間のうち続く敗北で意気消沈していた親盧派を一躍韓国政治の第一線に蘇らせた。そしてその親盧派勢力の新しいリーダーとなったのが文在寅だった。

文在寅は、朝鮮戦争中に北朝鮮興南《フンナム》から南に逃れた避難民の子として一九五三年一月に釜山に生まれた。中国軍に追われて南下する米軍が北からの避難民を助けたという美談が「興南撤収作戦」として語られ、韓国で一〇〇〇万人以上の観客動員を記録した映画『国際市場で逢いましょう』(二〇一四年)などでも描かれた。文の両親もこの作戦で米軍のLST(揚陸艦)で助けられた避難民であった。文在寅は大統領就任後初の渡米で長津湖戦闘*記念碑を訪れ、このエピソードに触れて、米軍なくして現在の自分はない、とスピーチしている。

＊一九五〇年一一月末〜一二月初旬にかけて咸鏡南道長津郡の長津湖周辺で行われた戦闘で、仁川上陸作戦と並ぶ激戦とされる。国連軍が中国軍に敗退した戦闘であるが、中国軍の南下をぎりぎりまで食い止めて自軍や避難民の興南港からの撤収を助けたとされる。

文在寅は、避難民の貧しい暮らしのなかで苦学し慶熙大学校に入学、キャンパスでは七〇年代の反維新闘争を闘い、逮捕されて強制徴用による軍隊生活も経験した。一九七八年に除隊して翌年には司法試験(一次)に合格、八二年に司法修習を終えた文が盧と合同法律事務所の相棒として出会った。二人は当時の新軍部(全斗煥《チョンドゥファン》)政権下で「労働・人権弁護士」として釜山地域の民主化運動に身を投じ、労働争議や学生運動の「時局事件」の弁護に奔走した。

盧武鉉は、金泳三の招きで政界入りし、民主化の翌年(一九八八年)に実施された第13代総選挙で当選を果たす。その後は旧政治や地域主義の打破を掲げて失敗や挫折を繰り返しながらも、「原則の政治家」、愚直なまでに一途な政治家として若い有権者を中心に盧風（盧武鉉旋風）を巻き起こして、二〇〇二年暮れの第16代大統領選挙での逆転劇を生んだ。

その間、弁護士として釜山にとどまっていた文も、大統領選挙では釜山の選対委員長として勝利に貢献した。波乱に満ちた参与政府時代には、文も大統領府にあって民情首席、市民社会首席、政務特別補佐官、さらには参与政府最後の秘書室長として盧をサポートした。二〇〇四年に国会が盧の弾劾訴追案を可決した際には、その可否をめぐる憲法裁判で弁護団の幹事として実務を取り仕切った。文はその間、国会議員選挙への出馬については固辞し続けたし、参与政府の激動の五年を終えると政治の一線から身を引いて釜山での弁護士活動に復帰していた。盧の死は、そういう文在寅をして否応なしに政治の表舞台に押し出させた。文は、『運命　文在寅自伝』のなかで「あなた（盧）はすでに運命から解放されたが、私はあなたが残した宿題に微動だに出来ないほどに縛られている」と書いた。

政界入りした「運動圏」・三八六世代

盧の死後、文在寅の周囲に再結集した「親盧」勢力の人的構成や外縁については様々に解釈されている。その中核メンバーは、およそ文在寅など盧武鉉と同世代（植民地支配からの解放後から一九五〇年代までの生まれ）で参与政府の要職や党代表を務めたグループ（李海瓚、韓明淑、丁世均、金槿泰など）と、柳時敏、金慶洙など若手の側近グループ（李浩哲、安熙正、李光宰、白元宇、楊正哲、金太年など）に分けることが出来るかもしれない。後者は、世代としてはほぼ「三八六世代」といえる。三八六世代とは「三〇歳代、八〇年代大学入学、六〇年代生まれ」を指す。しかし、いわば「運動圏」プロパーの三八六世代（禹相虎、李仁栄など）とは、盧武鉉との距離や志向性の面で相対的に区別されている。「運動圏」・三八六世代も後に文在寅政権の屋台骨となるグループであるが、参与政府の頃はどちらかというと「金槿泰派」とされ、ときに参与政府の政策を「対米従属」や「新自由主義」として厳しく批判した。七〇、八〇年代の強権体制下で凄惨な拷問を耐え抜いた金槿泰の権威は、運動圏のなかで圧倒的であった。だから金槿泰とその影響下の三八六世代は、「親盧」の一翼というよりも、これと「連合」していたという言い方が正しいであろう。

総じて三八六世代は、一九八〇年の光州事件を原点に、八〇年代の韓国社会に台頭したマルクス主義、反米自主、チュチェ思想といった急進的な社会思想の洗礼をうけた世代であった。そうした急進的な社会思想にほとんど触れることなく思想形成を果たした盧武鉉や文在寅などの民主化運動世代とは、市場経済や韓米同盟の位置づけ、さらには南北関係についての見方や思いにやや違いがあり、その違いは韓国政治のさまざまな局面で表面化した。

民主化以後の九〇年代、韓国政治は、嶺南（慶尚南北道）地域を基盤に軍事政権時代の反共右派を吸収した金泳三の保守・右翼勢力と、湖南（全羅南北道）地域を基盤とする金大中の進歩勢力の二大勢力を軸に展開した。金泳三も金大中も党の外縁の拡大を目指して、在野の社会運動の経験をもつ若手の活動家を積極的に迎え入れた。

すでに述べたように、人権弁護士として釜山での民主化運動に取り組んでいた盧武鉉を政界に引き入れたのは金泳三であった。だが、一九九〇年、金泳三が新旧の軍事政権の流れをくむ盧泰愚《ノテウ》民正党と金鍾泌《キムジョンピル》共和党との「三党合党」に踏み切ると、盧はこれを嫌って金泳三のもとを離れた。九三年の大統領選挙では金大中の選挙キャンプに加わり、民主党の一員として地域主義の打破を旗印に九五年には釜山市長選挙に出馬するが、落選した。九八年、「韓国政治の一番地」といわれるソウル鐘路選挙区の補欠選挙で当選を果たすが、これをあえて放棄し、保守政党の拠点である釜山で出馬し、ここでも僅差で落選している。

外縁の拡大は金大中の民主党にとってより切実だった。地域主義的な投票行動が幅を利かす九〇年代の政治ゲームのなかで、湖南の人口は五〇〇万人余り（地区選出議員数で二九議席）と、韓国の全人口の一割にも満たない。これに対して嶺南は一三〇〇万人余り（同六五議席）を擁し湖南を圧倒している。一九九七年の第15代大統領選挙で金大中（ＤＪ）が金鍾泌（ＪＰ）と連携し、いわゆるＤＪＰ連合を組んだのもそうした不利な政治的立地を打開するためのものだった。

金大中は、改革的マインドをもった若手の登用に極めて積極的だった。光州地裁の進歩的な裁判官として金大中に見出されて一九九五年に政界入りした秋美愛◇、六月民主抗争のあった八七年に延世大総学生会会長で全国大学生代表者協議会（全大協）副議長をつとめた禹相虎、同じ年に高麗大総学生会会長で全大協議長の李仁栄、さらには八九年に全大協議長として林秀卿《イムスギョン》の訪北プロジェクト（平壌での南北学生会談への参加）を推進した任鍾晳◇などが金大中に迎え入れられている。文在寅政権下にあって秋美愛は、与党代表↓法務部長官、任鍾晳は大統領府秘書室長↓外交安保特別補佐官、禹相虎は与党の院内代表、李仁栄は院内代表↓統一部長官とそれぞれ文在寅政権の屋台骨として支える役割を果たしている。秋美愛以外の三人は、二〇〇〇年に「若い血の輸血政策」と称して金大中が迎え入れた学生運動出身者で、三八六世代という言説が登場し始めたのもこの頃からだった。

インターネット時代と盧武鉉政権

三八六世代の学生運動出身者たちが大挙して政界入りした二〇〇〇年前後は、韓国の政党政治が大きく転換した時期でもあった。金泳三、金大中、金鍾泌の「三金」が君臨した九〇年代の韓国の政党は、保守であれ進歩であれ、元をただせば建国期の韓国民主党に起源をもつ幹部政党（地主・名望家政党）としての体質を色濃く残していた。三金など中央のボスが政治資金や候補公薦（公認）権を独占し、人事などの党運営でもコネや情実（地縁・血縁・学閥）が幅を利かせていた。とくに小選挙区制を基本とする韓国の選挙制度の下で、公認権はボス支配の、なくてはならない梃子となっていた。

二〇〇〇年四月の第16代総選挙のときに旋風を巻き起こした「落薦・落選運動」は、まさにその政党の公薦に市民運動団体が介入し、不正や人権侵害の前歴のある政治家の公薦を阻もうとする取り組みだった。一九九〇年代の後半には、民族統一や階級闘争を標榜する急進的な社会運動が衰え、それに代わって、経実連（経済正義実践連合、八九年創設）や参与連帯（九六年創設）に代表されるような、政府や財閥の監視や異議申し立てを目指す市民運動が大きく成長していた。金大中はこうして高まった市民社会のエネルギーを活用して、国民基礎生活保障法*の制定、国家人権委員会*の創設など、改革的な政策課題の実現をはかった。

*生活困窮者への国家による慈恵的な保護という、それまでの生活保護法の考え方から脱して、国民の基本権として客観的に算定された最低限の基礎生活の維持と自活支援を国家が保障することを定めた法律（一九九九年制定）。

*基本的人権の保護・向上を目指すことで人間としての尊厳と価値を具現し、民主的基本秩序の確立に寄与することを目的として設置された独立の国家機関（二〇〇一年発足）。

大統領候補選出のための予備選挙（韓国語では「競選」）への市民参加を可能にする「国民参与

競選」も、金大中政権期に導入された市民参加の仕組みであった。二〇〇二年の与党「新千年民主党」(民主党)の予備選挙では一九〇万人の有権者が選挙人団に申請し、そのうち抽選で三万五〇〇〇人が選ばれて予備選挙に参加した。下馬評では最下位の候補だった盧武鉉が民主党の大統領候補に選出されたのも、この「国民参与競選」なしにはあり得なかった。

一方で二〇〇二年暮れの大統領選挙は、韓国政治のインターネット時代の幕開けを告げる選挙でもあった。民主党の「国民参与競選」でも、各候補はホームページを開設して一般の有権者へ支持を呼び掛けた。韓国はこの頃すでにブロードバンドの普及が人口比で世界一のネット大国となっていた。インターネットの急速な発展による開かれたコミュニケーションの輪が、政党のボス支配や地域主義といった政党政治の閉鎖性を突き破る可能性を生み出していた。とくに地域主義の打破を掲げて愚直なまでにチャレンジし続ける盧武鉉の姿は、既存の政党政治にそっぽを向いていたインターネット世代の有権者たちに新鮮な共感を呼び起こした。よく知られているように、「ノサモ」(盧武鉉を愛する人々の集い)と呼ばれる、インターネットで結ばれた支持の輪が急速に広がり、「国民参与競選」という候補者選出の新しい仕組みともあいまって爆発的なブームを巻き起こした。二〇〇二年大統領選での盧武鉉の勝利は、こうしたインターネット時代ならではの政治制度の刷新が生んだ奇跡といえた。

盧武鉉は、こうして新時代の政党政治を身をもって体現する大統領となった。だが、地域主義やボス支配は依然として根強く、野党のハンナラ党のみならず与党の民主党主流とも激しく対立した。民主党内の対立が激しさを増すなかで盧とその支持勢力は、二〇〇四年四月の総選挙を控え新党の旗揚げを決行した。ハンナラ党から離党した李富栄《イブヨン》、独自の進歩政党（改革国民政党）で活動していた柳時敏などがこれに合流して「開かれたウリ党」（ウリ党）が結党した（二〇〇三年一一月）。党議長には次期大統領候補の呼び声も高かった鄭東泳◇、院内代表には金槿泰がついた。国会は、それまでの民主党対ハンナラ党の二大政党体制から、ウリ党（四九議席）・民主党（六一議席）、ハンナラ党（一三七議席）という三党体制に転換した。ウリ党に結集した改革勢力は、ハンナラ党も民主党も、地域主義や金権・腐敗政治、ボス支配の旧態依然とした勢力として攻撃し、国会の対立構図を、従来の二大政党のそれから改革派対守旧派のそれへと換えようとした。

　対立は、韓国の憲政史上初めての大統領弾劾訴追案の可決という事態にまで至った。総選挙を一カ月余り後に控えた二〇〇四年三月、盧武鉉によるウリ党への肩入れを選挙法違反とする大統領の弾劾案が民主党とハンナラ党によって国会に上程され、金鍾泌の自民連もこれに加勢して弾劾案が可決された。だが守旧派は、インターネット時代の市民の政治参加のダイナミズムを見誤っていた。「落選運動」「国民競選」「ノサモ」など、すでに市民参加の蓄積があり、二〇〇二年秋には女子中学生轢死事件*をめぐる米軍に対する大規模な抗議行動が「ろうそくデモ」として経験されていた。若者たちにとって弾劾は、既得権にまみれた旧時代の政治家たちの企みに映った。弾劾案の可決直後から弾劾反対のネットの書き込みが急速に拡散して、その呼びかけが連日連夜のデモや集会となった。三月一〇日にはソウルの汝矣島を中心に全国で三五万人がろうそくに火を点して弾劾反対や守旧派政治家の退陣を叫んだ。

＊二〇〇二年六月、京畿道議政府市で米軍装甲車が女子中学生二名を轢死させる事件があり、米軍が駐韓米軍地位協定（ＳＯＦＡ）を盾に加害米兵の引き渡しを拒んだ。これに対する抗議が大規模なろうそくデモに発展した。

四月の総選挙では、このろうそくデモの追い風に乗ってウリ党が国会の過半数（一五二議席）を制する大政党へと躍進した。五月、憲法裁判所も大統領弾劾訴追案を棄却し盧武鉉は大統領の職務に復帰した。国会議員の六三パーセントが新人に入れ替わり、三八六世代の運動圏出身者が大挙して政界に進出した。ウリ党は、盧武鉉を中心とした改革志向のグループが韓国政治の一つの潮流として台頭する出発点となった。

ウリ党の挫折

国会の過半数を制したとはいえウリ党は、一五二議席のうち一〇八人が初当選の、政治的には未熟なアマチュア集団といっても過言ではなかった。四大改革（国家保安法の改廃、私立学校法改正案、過去事真相究明立法案、言論改革法案）を掲げて改革派らしい新機軸を打ち出すが、院外闘争を含む保守野党の激しい抵抗に振り回されて芳しい成果をあげることは出来なかった。過去清算についてはなんとか「過去事法」（「真実・和解のための過去事整理基本法」*）の制定に漕ぎつけるが、その他はいずれも中途半端な妥協や廃案を余儀なくされる。

＊それまで済州島四・三事件や光州事件などのように、個別の案件ごとに「特別法」の形で立法化されてきた過去清算関連法規に対して、同法は、植民地時代から権威主義政権期に至る、権力機関などが犯したさまざまな人権蹂躙や虐殺事件を包括的に扱う「基本法」として二〇〇五年に制定された。

一方で、一九九七〜九八年の金融通貨危機以来の構造改革が、盧武鉉政権の有力な支持基盤となる若い有権者たちの日常に深刻なひずみをもたらしていた。当時の保守言論は盧武鉉を「経放大《キョンポデ》（経済を放棄した大統領）」とこき下ろしたため、参与政府の経済政策は失敗したとのイメージがつよい。だが、盧武鉉政権期の経済のマクロ指標に現れるパフォーマンス自体は、その前後の政権期と比べても決して見劣りのするものではない。輸出の拡大は圧倒的で、経済成長率もＣＥＯ型大統領の李明博政権期よりも上回っているし、一人当たりの国民所得の増加率は過去最大で、悲願の二万ドルを達成した。

だが、輸出の拡大に導かれた製造業部門の生産拡大にもかかわらず雇用が相対的にも絶対的にも減少するという「雇用なき成長」が韓国経済の体質として浮き彫りになった。製造業部門からあふれ出た労働力は零細なサービス業が吸収して、表向きの失業率は三パーセント前後と、七〜八パーセントだったＩＭＦ事態直後よりも改善された。だが、その数値は、サービス分野の低賃金雇用の拡大、つまり非正規雇用や零細自営業の拡大によってカバーされたもので、盧武鉉政権は、こうした経済の「両極化」に有効な手立てを打つことができなかった。

盧武鉉政権は、非正規職保護法の制定に努め＊、「労働市場の柔軟化に……ブレーキを」（『運命』）かけようとした。だが、非正規雇用の規模は〇一年の七三七万人から〇七年の八七九万人に増え、被雇用者に占める比率も五五〜五六パーセントという高い比率を維持した。正規雇用を一〇〇とする非正規雇用の月平均の賃金比率も、同じ期間で五二・五パーセントから五〇・一パーセントとむしろ悪化した（民主労組など労働界が算定した数値で、政府よりも非正規雇用を幅広くとらえている。政府の数値については終章を参照）。

＊正式には「期間制及び短時間勤労者保護等に関する法律」で、非正規による雇用期間を二年に制限した（二〇〇七年成立）。

良質な雇用機会の減少は、韓国社会を「能力主義」「リストラ」「四〇代停年」「非正規雇用」などに象徴される極端なストレス社会へと変えた。そのしわ寄せは、なによりも労働市場に新たに参入しようとする若い有権者たちに来た。大学進学率八二・八パーセント（二〇〇七年）の超高学歴社会を実現しながら、白手（ペックス）*が二〇〇万人に達するといわれ、大企業や公共部門の安定的な職場の求人には修士・博士はもちろん、公認会計士や弁護士などの資格をもつ人材が殺到する。二〇〇六年下半期で、ソウル市職員の採用試験（募集人数九三二名）に一五万人余りが殺到したのをはじめ、銀行一二〇倍、ガス公社一六六倍、預金保険公社二三二倍、韓国航空公社一一八倍などなど（『京郷新聞』二〇〇八年九月一六日及び『月刊マル』二〇〇八年一月号など）――こういう極端に狭き門が高等教育をめぐる過当競争・教育費負担の増大をもたらし、ひいては、数値に現れる以上の〝格差〟をめぐる疎外感や鬱屈した感情をつのらせた。当然それは、現政権や与党への失望や反感となって若い有権者の投票行動に現れるようになった。

*就業していない高学歴の青年層を指し、日本で同じ頃に流行語になったニートに近いニュアンスの言葉。二〇〇万人というのは二〇〇八年の大卒以上の非経済活動人口（二五七万六〇〇〇人）などから『週刊朝鮮』（二〇〇八年九月二九日）が割りだした数字。

盧政権がイラク派兵や韓米自由貿易協定を推進したことも、盧武鉉の支持基盤となっていた進歩陣営の急進派から猛烈な反発を招いた。運動圏・三八六世代は、盧政権のそうした政策を対米従属や新自由主義として非難した。主に三八六世代からなる運動圏の原点は、何といっても一九八〇年の光州事件であった。八〇年代に新軍部に反対する闘争に学生たちを駆り立てたのは、光州で果敢に闘った学生市民の犠牲への怒りや、生きながらえ大学生としてあることの罪責感であった。怒りの矛先は新軍部政権の背後にある米国の支配に向けられ、光州事件直後には米文化センター放火などの実力行使も繰り返し決行された。反米は三八六世代のある種のエートスとしてその精神に深く根付いていた。八〇年代後半には反米自主化を掲げ、北朝鮮の革命路線に同調するＮＬ（民族解放民主主義革命）派が多くの学生の心を捉えたこともあった。こういう三八六世代にとって、盧武鉉政権が推進したイラク派兵や韓米自由貿易協定は許しがたいものにみえた。

盧武鉉政権の後半には、こうした拠り所となる若い有権者の失望や政権批判が拡大し、二〇〇五年四月の補欠選挙、二〇〇六年五月の統一地方選挙、さらに七月の補欠選挙でウリ党は連敗した。統一地方選挙では一六の広域自治体のうちウリ党は全羅北道以外のすべての首長を野党に奪われ、基礎自治体も含めて各地でハンナラ党候補が四〇～六〇パーセントの票を得ているのに対してウリ党の候補は二〇パーセント台にとどまった。わずか二年前の劇的な躍進からすれば悪夢のような大敗であり、当時、地方選挙の直前までウリ党の議長をつとめた文喜相◇はこの敗北が「国民の執権与党に対する弾劾」に等しいとまで語った（『聯合ニュース』二〇〇六年六月二日）。

第17代大統領選挙とその後

盧武鉉政権の終盤、ウリ党は沈みゆく船の体で、中道を掲げる金漢吉元院内代表ら二三人が離党した(二〇〇七年二月)のをはじめ、ウリ党を離れる個人やグループが相次いだ。離党したグループは中道改革統合新党の結成(〇七年五月)を経て、民主党の主流派と合流して中道統合民主党(六月)を結成する。そこにウリ党残留派とハンナラ党を離党した孫鶴圭のグループが合流して大統合民主党となり、年末の大統領選挙を控えてほとんど元の金大中時代の新千年民主党の構成に立ち返る有様となった。大統合民主党は、ウリ党結党時に党議長を務めた鄭東泳を擁立してハンナラ党李明博候補と第17代大統領選に臨むが、五三〇万票以上の差をつけられて大敗した。その差は、民主化以後実施された七回の大統領選挙で最大の票差であり、この時期、進歩勢力が直面していた危機の深刻さを物語っていた。それまで盧武鉉やウリ党を支持した二〇～三〇代の有権者の四〇パーセント余りが、現代建設社長出身でCEO型大統領といわれる李明博に経済再建を託して投票したのだった。

大統領選挙での惨敗の後、大統合民主党は、中道志向の勢力が主導権を握って孫鶴圭・朴相《パクサン》千《チョル》の共同代表体制となり、孫主導で二〇〇八年の第18代総選挙に臨んだ。だが、議員定数の三分の一にも満たない八一議席の当選にとどまり、孫鶴圭自身も落選するという最悪の敗北を喫した。この敗北を経て、またしても進歩勢力の迷走が始まり、陣営内の多様な潮流(中道、湖南を基盤とする旧民主、親盧派、市民運動を基盤とする市民派、さらに韓国労総も加わる)が離合集散を繰り返した。

だが、盧武鉉の死という衝撃を経て、親盧派が野党再編の軸として復活し、二〇一〇年六月の統一地方選挙では久々の野党の勝利となった。ハンナラ党は、広域自治体で前回の統一地方選では一六人中一二人いた首長が半減する劇的な敗北を喫した。韓国の進歩勢力にとっては、二〇〇四年の弾劾政局下の総選挙でウリ党が大躍進して以来敗北を重ねた末の六年ぶりの勝利だった。

大統領選挙を一年後に控えた二〇一一年一〇月、親盧派を軸に「民主統合党」が結党し、ソウル市長補欠選挙では朴元淳を擁立して勝利した進歩勢力は、ウリ党の失敗以来の長いトンネルをようやく抜けた。二〇一二年一二月の第18代大統領選挙を半年後に控えて、民主統合党は李海瓚党代表体制に整えられ、文在寅を大統領候補に選出した。

ためらう文在寅に、「三顧の礼」を尽くして大統領選への出馬を決意させたのは李海瓚であった。李海瓚は、水面下で旧民主系リーダーの朴智元《パクチウォン》と提携し、李代表、朴院内代表という「李・朴」連帯のもとで、これに反発する孫鶴圭など中道勢力を退けて文在寅を大統領候補に据えた。この過程で「親盧覇権主義」と揶揄されるような傾向も党内で目立ち始めた。一部には「盧武鉉精神の継承者」を自任し、盧武鉉を神格化するような独善的な振る舞いも目につきはじめる。進歩勢力やこれを支持してきた有権者の間でも親盧派への嫌気の空気も漂いはじめ、それは大統領選挙の帰趨にも微妙な影を落とすことになる。

第2節　第18代大統領選挙（二〇一二年）の敗北

九七年体制下の韓国社会と政治

盧武鉉政権の凋落は、一九九七年に始まる金融通貨危機への対処の過程で金大中政権がＩＭＦの干渉のもとで断行した構造改革の負の遺産に発していた。それは、およそ一〇年後に執権する文在寅政権が抱えるジレンマでもあった。韓国の社会経済は、六〇年代以降の権威主義的な開発時代から、短い「フォーディズム」*の時代（一九八七〜九七年）を経て、財閥企業主導のグローバル展開と競争力強化を第一の課題とする開放経済体制に移行した。そこでは、コスト削減や競争力強化を名目に、かけがえのない人間の労働を市場の論理に委ねる改革が断行された。これによって韓国社会は、質的に新しい危機の時代に入り込んだといえる。

*労・使・政による賃金水準の調整を前提に国民経済内での大量消費と大量生産が均衡する体制。韓国の場合、輸出依存の高い状況を踏まえて「周辺部フォード主義」などと定義された（アラン・リピエッツ『レギュラシオンの社会理論』）。

一九八七年の民主化は生産点での組織労働者の地位を飛躍的に向上させ、終身雇用、年功序列に基づく中産層中心の、安定した経済社会が実現するかにみえた。原油・為替・金利の三低景気という国際経済の与件にも恵まれて急速な経済拡大が実現し、八〇年代後半の製造業部門の賃金上昇率は二倍以上、九五年までの一〇年ではなんと四・三倍に達している。住宅、家電製品、自動車などが国内市場を満たし、輸出部門だけではなく国内の大量消費が韓国経済の成長を力強く支えるようになっていた。韓国でも欧米の先進諸国が六〇年代に実現したような、「フォーディズム」まがいの経済社会が実現したかにみえた。

だが、いうまでもなく、この頃にはフォーディズム的な経済社会が成り立つ世界史の段階はとうに過ぎ去っていた。欧米では八〇年代の前半までに新自由主義的な改革を通じてグローバル化に対応する「ポスト・フォーディズム」への転換が明らかになっていた。九〇年代に入ると韓国の財閥企業も世界市場での競争激化に晒されたうえに、韓国に対する国際社会の市場・資本の自由化圧力も一段と強まった。

こうしたなかで成立した金泳三政権(一九九三年二月〜九八年二月)は、「世界は、まさに経済戦争・技術戦争の時代」「無限競争の時代」との時代認識のもとに産業の合理化・競争力強化のための「世界化戦略」を打ち出し、生産拠点の海外展開を促す一方、無謀なまでの金融自由化を断行した。よく知られているように、この金融自由化による巨額の短期資本の流入は当時の「国際通貨体制」の動揺ともあいまって、九七〜九八年の未曽有の金融通貨危機(ＩＭＦ事態)をもたらすことになる。

一方、「世界化戦略」の総仕上げともいうべき労働市場の柔軟化の試みは、民主労総*の結成（一九九五年一一月、創立時の組合員数約四二万人）を経て急速に力を蓄えてきた労組の激しい抵抗に直面する。九六年一二月、金泳三政権は労働者の「整理解雇*」を可能にする新たな「労働関係法」を国会で抜き打ち採択するが、民主労総・韓国労総による朝鮮戦争以後最大規模のゼネストに直面し撤回を余儀なくされた。

*正式には全国民主労働組合総連盟。組合員数は約九七万人（二〇一八年現在）。韓国労総の労使協調路線に反発して八〇年代から急進的な労働運動を展開し、一九九九年にナショナルセンターとして認可された。

*正式には、韓国労働組合総連盟。組合員数は九三万人余り（二〇一八年現在）。一九六〇年に発足するが、六一年五月の軍事クーデターで労使協調・反共を基調とするナショナルセンターに改組された。八七年の民主化後は改革路線を志向し、民主労総と連携することもある。第19代大統領選挙では文在寅を支持した。

「整理解雇制」は、未曽有の金融通貨危機のもとで一九九八年二月に発足した金大中政権による構造改革の一環として導入されることになった。つまり、新自由主義的な開放経済体制の仕上げは、進歩派の政権のもとで成し遂げられ、その枠組みは進歩・保守を問わず、その後の政権にも引き継がれた。金大中は、民主主義と市場経済を「車の両輪」と位置づける考え方の持ち主であり、IMFが要求した労働市場改革についても、民主労総や韓国労総の参加する「労使政委員会」という合意システムを通じて推進された。このシステムのもとで、公務員・教員労組の承認、労組の政治活動の容認などを条件にいったんは整理解雇制・派遣勤労制の導入が合意された(一九九八年二月)。

だが、この歴史的ともいえる社会的合意にもかかわらず、使用者側の整理解雇制の乱用や制度そのものを無視した不当解雇が目立つようになり、深刻な雇用不安に直面した労働者による委員会批判や争議が続発した。こうしたなかで民主労総はついに委員会をボイコットし、五月にはゼネストを決行した。翌年には韓国労総も経営者側も、委員会に見切りをつけて脱退を宣言し、第一期労使政委員会は事実上、瓦解した。

整理解雇制の導入をめぐる労使政委員会のこうした顚末は、政治勢力の分岐や対抗関係という面で大きな意味をもった。金大中の目指す「民主主義と市場経済の両立」は、市場経済のグローバル展開を前提とすれば、国民経済の国際競争力強化と、社会的セーフティネットの拡充や民主化の両立の追求として具体化されたといえる。金大中・盧武鉉の両政権を通じて追求されたこの枠組みは、英国のブレア政権や米国のクリントン政権のそれに準じる「韓国版の第三の道」として論じられることが少なくない。

労使政委員会の挫折は、民主労総を中心とした急進的な社会運動勢力がこうした「第三の道」を拒否してこれに対抗する、新たな政治勢力化へのきっかけとなった。二〇〇〇年、民主労総を基盤に民主労働党（民労党）が結党し、NL・PD（民衆民主革命派）といった「運動圏」勢力の少なくないグループがこれに合流した。民労党は、ウリ党が躍進した二〇〇四年の選挙で一三パーセント余りを得票し一〇人の国会議員を送り出して躍進したが、二〇〇六年の統一地方選挙では民労党の牙城ともいうべき蔚山《ウルサン》で敗退し、ウリ党同様の低落傾向と分裂を免れなかった。

一方、すでに述べたように、金大中や盧武鉉も三八六世代の学生運動出身者を迎え入れ、ウリ党など進歩政党のなかで有力な地歩を築いていた。すなわち、労使政委員会の挫折は、八〇年代の民主化の過程で台頭した急進的な運動圏勢力の分岐を決定的なものとした。一方は金大中・盧武鉉の「開放経済」の枠組みの下で民主化や南北関係の改善を目指し、他方はこれを拒否してあくまでも独自の勢力化を追求していまに至っている。

右からは容共・親北と非難され、左からは新自由主義や対米従属との非難が絶えなかったものの、金大中・盧武鉉政権期には、政治システムと市民社会の協働（コラボレーティブ・ガバナンス）やコミュニケーションの高まり、国家人権委員会など人権レジームの構築、国民基礎生活保障をはじめとするセーフティネットの拡充、さらには過去清算や南北関係の改善など実に多くの達成があった。一方でこの一〇年の民主化は、当然、長年の権威主義的開発体制の下で、国と市民社会の双方の諸制度に深く根を張った既得権勢力の危機感をつのらせた。李明博・朴《パク》槿恵《クネ》とつづく保守右派政権期は、そうした既得権勢力によるバックラッシュの時代として位置付けることが出来る。文在寅政権に至る韓国政治も、グローバルな「開放経済」という土壌での進歩勢力と既得権勢力のせめぎ合いのなかで形作られていく。

李明博の失敗

二〇一二年一二月、朴槿恵が、大方の予想に反して野党候補の文在寅をやぶり、第18代大統領に当選し、バックラッシュの時代がさらに続くことになった。韓国の保守右派勢力は五年前の第17代大統領選挙で進歩派政権（盧武鉉政権）の失敗につけ込んで勝利の美酒を味わったが、進歩勢力は李明博政権五年の失政にもかかわらず、これを勝利に結びつけることが出来なかった。

李明博政権は、「時代精神は経済」だとして〝七四七ビジョン〟（経済成長率七パーセント、国民所得四万ドル、七大経済強国入り）や、朝鮮半島を貫く「大運河計画」などをぶち上げて華々しいスタートを切った。経済再建への期待もあり発足直後の支持率は八〇パーセント近くに達した。だが、そうした支持率による奢りもあって、すでに述べたように、出だしから大規模なろうそくデモに見舞われた。しかも、デモがようやく鎮まった二〇〇八年九月、韓国経済は米国投資銀行リーマン・ブラザーズの破綻に始まる世界的な金融危機に直面した。すでに盧武鉉政権の末期から国際収支が悪化し、九月に償還時期を迎える短期の外債がただでさえ危ういレベルまで膨らんでいた。リーマンショックは、そういう韓国経済を直撃し、一〇月末には、ウォンが最安値(一ドル＝一四六六ウォン)を記録し多くの韓国企業、とくに中小企業が多額の損失を被った。

李明博政権は、海外投資を制限するなど外貨規制を敷く一方、大規模かつ緊急の財政出動と一二兆ウォン余りの法人税・所得税の減税を断行して景気浮揚をこころみるが、過大な支出の上に財政収入が落ち込んだことから過去最悪の財政収支赤字(二〇〇九年、五一兆六〇〇〇億ウォン)となった。減税策は「金持ち減税」として非難されたが、二〇一〇年には第二弾の「金持ち減税」が強行され財政赤字はさらに拡大した。けっきょく、李明博政権五年間の累積赤字は九八兆八〇〇〇億ウォンに達し、盧武鉉政権五年間(一〇兆九〇〇〇億ウォン)の九倍を記録した。

李明博政権の〝七四七ビジョン〟の論理は、投資・消費意欲を刺激する減税などの経済政策と、「大運河計画」といった大規模公共投資の二本柱によって経済成長率と国民所得を大幅に引き上げて、七大経済強国入りを果たすというものであり、リーマンショックのさなかでもそうした政策基調を貫いた。しかし、減税によって大企業の収益は拡大したが、パイ(国民経済の拡大も、貧しい者への配分(トリックルダウン)も李明博政権期を通じて一向に起こらなかった。

李明博政権期五年間の平均経済成長率は、二・九二パーセントで、七パーセントどころか、前政権期(四・四二パーセント)を大きく下回った。同じように大規模な通貨危機に見舞われた金大中時代でも、四・三パーセントの平均成長率を記録していた。国民所得四万ドルの目標は一〇年以内での達成が約束されたものであるが、その国民所得は、逆に〇八年と〇九年には盧武鉉政権で達成された二万ドルを割り込み、二〇一〇年、一一年と二万ドルを再び超えるが(一一年時で二万二五〇〇ドルほど)、四万ドルにはほど遠い水準であり、国民経済規模の世界順位も二〇〇八年の一五位から全く動いていない。

対北朝鮮政策の目玉として掲げられた「非核開放三〇〇〇」も〃七四七ビジョン〃と同じように空虚な言葉遊びに終わった。「非核開放三〇〇〇」は、北朝鮮の非核化と開放を前提に一〇年以内に北朝鮮の一人当たり国民所得を三〇〇〇ドルに引き上げるという構想だが、北朝鮮を開放やソフトランディングに導くための手段や方法は、金大中・盧武鉉政権の和解協力政策とは正反対に圧力や封じ込め一辺倒の政策がとられた。そうした対北強硬策は、北朝鮮を中国の懐に追いやるばかりで、金大中・盧武鉉政権期に築かれた南北交流や対話のさまざまなルートを断ち切ってしまいその後の南北関係の改善を極めて難しくした。

こうして経済も安全保障も裏目に出て、李明博政権の末期には支持率が二〇パーセント台にまで落ち込んだ。突然の独島(竹島)訪問(二〇一二年八月一〇日)で一〇ポイント近く支持率が回復したものの、九月には、私邸用土地購入疑惑が表沙汰になって再び支持率を落とした。

安哲秀ブーム

李明博政権の失敗は進歩勢力の政権奪回の好機でもあった。すでに述べたように、盧武鉉の死後、親盧派が復権し野党再編の軸となった。野党の復調に加えて、この時期には従来の政党政治とは無縁の市民派医師・安哲秀《アンチョルス》が若者たちのメンターとして旋風を巻き起こし、大統領選挙の台風の目と目されるようになった。安は、ソウル大学校医学部で学位を取得して、大学病院で医師として勤務するかたわら、V3という国内初のコンピューター用ワクチンプログラムとされるアンチ・ウイルスソフトを開発し、起業したベンチャー企業（安哲秀研究所）が、韓国最大のコンピューター・セキュリティ会社として成功を収めた。これに飽き足らずKAIST（韓国科学技術院）教授、製鉄会社ポスコの社外取締役会議長、ソウル大学校融合科学技術大学院（GSCST）院長など多彩な経歴と活動が注目を集めた。さらに、二〇一〇年からは、「田舎の医師」として知られる作家の朴慶哲《パクキョンチョル》やリベラル派のタレント金濟東《キムジェドン》などとテレビのトーク番組や各地でのトーク・コンサート（青春コンサート）に出演し若者たちの共感と支持を集めていた。やがて安は、激烈な競争社会の中で悩み、あらためて正義や公正社会のあり方について思いをめぐらせ始めた若者たちのメンターとしてその人気は一種の社会現象となった。

さらにこの頃には、参与連帯など韓国の市民運動を率いてきた朴元淳が、グローバル化にともなう社会的リスク構造の深化に対応する新しいアジェンダや運動スタイルを模索し始めていた。二〇一一年一〇月には、学校給食問題で呉世勲《オセフン》ソウル市長が辞任するというハプニングがあり、これを受けて実施された補欠選挙で朴元淳は、大統領選挙に意欲を示す安哲秀の支持を取り付けて立候補し、ハンナラ党候補の羅卿瑗《ナギョンウォン》を破って当選を果たした。朴元淳は韓国の市民運動の世界では代表的な活動家として知られていたが、ソウル市長選前の世論調査では支持率は五パーセント前後と振るわず、五〇パーセント以上の安哲秀にはるかに及ばなかった。当時、こうした朴と安による「候補一本化」は、旧来の政治の論理を超えた市民派による「美しい譲歩」といわれた。

安哲秀は、二〇一二年九月、進歩・保守の対峙する「分裂と憎悪の政治」の止揚を訴えて第18代大統領選挙への出馬を正式に表明した。選挙前の世論調査では一時期、朴槿恵を上回る支持を得た。文在寅との候補一本化交渉の不調から出馬辞退を表明するが、翌二〇一三年四月ソウル市蘆原区から国会議員として初当選し、政界での本格的な歩みを始める。「進歩的自由主義」「中道左派」を志向し、政治改革を最重要課題として掲げつつ韓国政治の重要なアクターとなるが、国会議員定数を一〇〇とする主張など政策の非現実性や一貫性の欠如、安保や統一問題での見識不足などが指摘されてひと頃のカリスマ性は徐々に失われていく。

朴槿恵の登場

一方、レームダックとなった李明博にかわって政権与党の主役として台頭したのが朴槿恵であった。朴は、一九九八年の地元大邱での補欠選挙で初当選し政界入りを果したが、その後は、父親（朴正熙）の後光もあってハンナラ党の副総裁など要職を歴任した。二〇〇二年にはいったんハンナラ党を離れ、北朝鮮を訪問し金正日と会見している。母の陸英修《ユクヨンス》が一九七四年八月の光復節の祝賀会場で不慮の死を遂げて以降は、朴正熙大統領のファーストレディ役を務めるなど政界での経験も豊富であった。盧武鉉弾劾反対のろうそくデモの逆風のなかで闘われた二〇〇四年の総選挙では、ハンナラ党の代表として敗北を最小限に食い止め、「選挙の女王」との異名をもつまでになった。だが、この「選挙の女王」「卓越した政治手腕」という言説は、二〇一六〜一七年のろうそくデモの過程で暴露された「崔順実《チェスンシル》ゲート」によってある種の虚構を含むことが明らかになった。大統領の公務に関わる政策・人事・スピーチ内容などに、友人で実業家の崔順実が「秘密実勢」（いわば影の実力者）として関わっていることが暴露され、朴槿恵は、「主体性のない軟弱な依存症」「崔太敏《チェテミン》（崔順実の父）一家の操り人形」（カン・ジュンマ『朴槿恵の権力中毒』）との見方が広まった。

朴正熙とも親交のあった崔太敏は、一九七〇年代の維新体制下で新興宗教の教主から一九七五年には長老派の牧師に転身し、朴槿恵に接近するようになった。母・陸英修の不慮の死で精神的に不安を抱える朴槿恵を、「母は朴槿恵を韓国の、ひいてはアジアの指導者とするために道を譲った」といった祈禱師のような心霊術まがいの方法で感化し、朴槿恵の心の世界を支配した。九四年の崔太敏の死後は、その娘の崔順実が朴槿恵に影響を及ぼすようになったといわれる(『金炯旭回顧録』)。

朴槿恵が実際に「一人では言葉一つ、文章一行もまともに駆使できない」(『朝鮮日報』二〇一六年一一月)、崔順実のまったくの操り人形であったのかどうかについては、いまのところ定かではない。だが、崔順実が影の実力者として朴槿恵の政治家としての一挙手一投足に一定の影響を与えていたことは否定できない。少なくとも朴と崔はほとんど二人三脚で、崔太敏の予言通りに指導者への道を上り詰めたといえる。

この二人三脚を朴と崔のどちらがリードしていたのかはともかく、大統領の椅子に向かう戦略は卓越したものにみえる。第17代大統領選挙に向けた党内の予備選挙では李明博に惜敗するが、五年後の第18代大統領選挙に向けたロードマップがこの党内予備選挙の敗北の直後から立てられ実行されたといわれる。一言でいえば、それは、政権末期に必ずと言っていいほど訪れる大統領の支持率低下を見込んだ、李明博との差別化戦略であった。

朴は、大運河計画など李明博が重視したほとんどのアジェンダに反対してその実現を妨げた。

ソウル市長選挙の敗北後は、ハンナラ党の非常対策委員長として党の徹底した刷新に着手し、党名もセヌリ（「新しい世の中」の意）党に変えて李明博の党としてのイメージの払拭をはかった。一二年四月の総選挙では一五二議席を獲得し、前回（一六二議席）を下回ったものの野党第一党の民主統合党（一二七議席）を上回って過半数を制した。この勝利によって党内での基盤を固めた朴は、七月の予備選挙でも八〇パーセント以上の支持を得て金文洙候補を圧倒的な強さで退けて大統領候補となった。

第18代大統領選挙

第18代大統領選挙は、文在寅とこの朴槿恵、そして安哲秀が立候補の意思を示したことによって、当初は三つ巴の闘いとなった。安哲秀は、中道志向で民主統合党との差別化をはかっていたとはいえ、二〇代や三〇代の若手有権者を中心に、文在寅との支持基盤の重複は避けられない。このため民主統合党は、候補一本化のための交渉を安哲秀陣営に粘り強く呼びかけた。政党政治の抜本的な刷新を求める安の要求に民主統合党は李海瓚代表以下指導部の総退陣で応え、なんとか候補一本化の協議に漕ぎ着けた。統一候補選びの方法をめぐって交渉は難航するなか、安が突然立候補をとりやめ、結果的に文在寅への一本化が実現した。安も政権交代に向けた協力を表明したものの消極的な支持にとどまり、投票日には選挙結果には目もくれず米国に発ってしまった。

　こうして、第18代大統領選挙は、与党セヌリ党の朴槿恵と第一野党の民主統合党の文在寅との事実上の一騎打ちとなった。安哲秀との一本化を果たした文在寅が有利との予測もあったが、結果は、一五七七万票余り（得票率五一・五五パーセント）を獲得した朴槿恵候補がおよそ一四六九万票（得票率四八・〇二パーセント）を獲得した文在寅候補を破って当選を果たした。投票率は七五・八パーセントと、第17代大統領選挙（六三パーセント）の締まりのない選挙に比べ、有権者の関心は極めて高かった。朴が大邱、慶尚北道で高い得票率を獲得したのに対して、文は光州、全羅南道・北道で圧倒的な支持を得ており、地域主義的な投票行動が相変わらず目立っていたが、他地域ではそれほど大きな偏差はみられなくなった。

　朴槿恵への有権者の支持は、金泳三・金大中・盧武鉉と文民政府時代に急速に進んだ格差や貧困の拡大が、かつて朴正熙に反対した民主化勢力の失敗として受け止められ、その反動から「漢江の奇跡」を実現した朴正熙への再評価や郷愁が社会的機運として高まったことにも支えられていた。その意味で経済再建は朴槿恵にとって至上命題であり、そのためには、福祉や財閥改革、さらには格差解消など、進歩派が唱えてきた「経済民主化」をめぐるフレーズや政策をなりふり構わず選挙公約に取り入れた。朴槿恵は、金鍾仁を迎え入れて「経済民主化」公約のデザインを委ねている。党内で「左クリック」とか「ポピュリズム」などと非難されたこうした政策も、中道浮動層にウイングを広げる効果もあって朴槿恵(現実には崔順実との二人三脚?)の柔軟で卓越した指導者としての才覚を示す結果となった。

金鍾仁は、開放経済時代の「経済民主化」の理論家としても知られ、二〇〇四年四月には新千年民主党の比例代表の国会議員となって、第17代大統領選挙では鄭東泳を支持している。朴槿恵の「経済民主化」プランに携わった後は、一六年、今度は文在寅の要請を受け「共に民主党」の非常対策委員長兼選挙対策委員長に就任して、第19代総選挙で「共に民主党」を勝利に導いている。さらに二〇二〇年には保守の「未来統合党」の非常対策委員長として「ベーシック・インカム」を打ち出して人々を驚かせた。こうした金鍾仁の行跡は、グローバルな「開放経済」としての九七年体制を前提とする限り、進歩であれ保守であれ、経済政策や福祉政策で違いを打ち出すことが益々難しくなっていることを物語っている。

第18代大統領選挙での文在寅の敗因もまさにその点にあった。文在寅陣営は選挙戦を主導するに足るような、朴槿恵陣営のそれとは異なる明確なイシューやアジェンダを提起できなかった。IMF事態やリーマンショックを経た韓国では、二〇一〇年六月の統一地方選挙の頃から福祉政策に対する関心が爆発的に高まっていた。第18代大統領選挙でもこの点が最大の争点となり、文在寅も、金大中・盧武鉉時代の福祉政策を継承しつつ「福祉国家委員会」を設置し福祉五カ年計画の実現をうたった。これに対して朴槿恵陣営も「生涯周期別オーダーメード型福

表1　第18代大統領選挙の世代別得票率(%)

	A			B	
	19歳・20代	30代	40代	50代	60代以上
朴槿恵	33.7	33.1	44.1	62.5	72.3
文在寅	65.8	66.5	55.6	37.4	27.5

祉」などより具体的なメニューを提示したため、福祉政策面での進歩陣営の優位をアピールできる状況ではなかった。

さらに、第18代大統領選挙を特徴づけているのはなんと言っても世代間の支持傾向の違いが際だったことであり、これも文在寅の敗因につながった。上の表1はテレビ三局による出口調査を集計したものであるが、とりわけ一九歳から四〇歳代の層(A)と五〇歳代から六〇歳代以上の層(B)との違いが際だっている。この二つの世代AとBの全人口に占める構成比は、一〇年前の二〇〇二年にはAが四八・三パーセントでBが二九・三パーセントであったが、この間の高齢化の進展でAは三八・二パーセントに減少し、Bは四〇パーセントに増加している。浅羽祐樹の試算によれば、もし二〇〇二年の年齢構成比でこの選挙が闘われていれば、朴槿恵の得票率四六・八パーセントに対して文在寅の得票率は五二・八パーセントで、後者が勝利していた(浅羽祐樹『したたかな韓国』)。

若い世代の進歩派への支持は、二〇〇八年のろうそくデモ以来の韓国社会の傾向を物語るものといえるが、韓国の民主化をリードしてきた世代とも言える五〇歳代の投票傾向は予想外でこの点がまさに敗因の一つとなった。三八六世代の一部を含むこの五〇歳代の有権者は、一〇年前には盧武鉉に投票し、大学時代には独裁政治の苦しみを味わった世代、かつまた老後に不安を抱いている「韓国現代史で最も悩み多き人々」であった。この五〇歳代の有権者には「親盧覇権主義」に対する嫌気や反感が広く抱かれていて、投票日午前中の文候補有利の報道に危機感を覚え、午後には大挙して投票所に向かったともされる。

こうして第18代選挙は、ウリ党以来繰り返された進歩勢力内部の確執が深い痼《しこ》りとなって、熟年世代の投票行動に翳りや捻れをもたらしていたと言えるかもしれない。

第3節　朴槿恵を越えて

朴槿恵政権の内政と外交

朴槿恵政権が李明博政権から引き継いだ韓国社会は、「九七年体制」下の社会的危機が解消されないまま常態となった社会であった。若者たちは相変わらず激烈な競争と就職難にあえいでいた。家族や地域の紐帯はさらに衰え、核家族や一人世帯が韓国社会の大半を占めるようになり、子育てや老後をめぐる中産層の不安・不満が充溢していた。大統領選の公約で掲げたように朴槿恵は、「生涯周期別オーダーメード型福祉」や「韓国型福祉国家建設」を掲げてこれに対応しようとした。政治における右傾化や権威主義化とは裏腹に、むしろ金大中・盧武鉉政権が追求した社会民主主義的（普遍主義的）な社会保障政策が継承された（大西裕『先進国・韓国の憂鬱』）。

だが、こうした大胆な福祉政策は、朴槿恵政権の最初の予算案（二〇一四年度予算）づくりの段階で躓きが明らかとなった。二〇一三年九月、朴槿恵政権は大統領選挙公約の柱の一つであった基礎年金の増額を、税収不足などを理由に撤回した。この政策変更に抗議して保健福祉部長官の陳永《チンヨン》が辞意を表明するという一幕もあった。

二〇一四年、朴槿恵政権は一四～一八年にわたる社会福祉のマスタープラン（第一次社会保障基本計画）を策定した。その内容は、少子高齢化社会の到来に備えた生涯周期別のセーフティネットの構築や雇用と福祉を連係させた自立支援などに三〇〇兆ウォン余りを投入するという意欲的なものであった。だが、朴槿恵は「増税なき福祉」を選挙公約としていたため、この福祉政策をめぐって、「絵に描いた餅」との批判が与党の金武星代表や劉承旼院内代表からも上がり、党内の〝親朴〟と〝非朴〟の対立を表面化させることになった。

朴槿恵の「増税なき福祉」は、「創造経済」や「革新経済」という朴政権の打ち出した経済政策が功を奏して税収の飛躍的な拡大があって初めて可能な政策であった。しかし、「創造経済」の名に相応しい新しい成長産業の立ち上げは容易ではなく、けっきょく朴政権は、「成果年俸制」や「低成果者解雇制」といった、いっそうの労働市場改革を断行して大企業のグローバル市場での競争力を高め、そのことで「創造経済」「革新経済」に替えようとした。「成果年俸制」は年功制の廃止と年俸制の導入を公企業や大企業に求めるものであり、「低成果者解雇制」は正規労働者の〝成果〟についての評価を恣意的な尺度で可能にするというものであった。朴政権は、こうした最悪の労働市場改革を、立法によらず、政府の行政指導や指針などを通じて強行しようとした。ここでも力任せの強引な手法が目立ち、韓国労総と民主労総の労働組合のナショナルセンターとの厳しい対立が常態化した。

対北朝鮮政策では、圧力一辺倒の政策には批判的な崔大錫《チェデソク》梨花女子大学校教授を大統領職引き継ぎ委員会に起用するなど、当初は太陽政策でも北風政策でもない第三の路線を模索し、膠着状態の南北関係を打開しようとする兆しもみられた。しかし、朴槿恵の大統領就任（二〇一三年二月二五日）を目前に控えた二月一二日、北朝鮮が三回目の核実験を強行したことや、米朝関係においてオバマ民主党政権下でも厳しい対立がつづいたこともあって、けっきょく、それまでの圧力一辺倒の路線が基調となった。二〇一六年には、北朝鮮による四回目の核実験や長距離ミサイルの発射に加えて、韓国へのＴＨＡＡＤ（高高度ミサイル防御体制）問題をめぐって中国との関係も悪化し、朝鮮半島をめぐる緊張が〝新冷戦〟と言われるほどの高まりを示した。

一方、対日政策について朴は「加害者と被害者という歴史的立場は千年経っても変わらない」（『東亜日報』二〇一三年三月二日）と述べ、厳しい姿勢で臨むことを明らかにしていた。亡父の朴正熙は、歴史の清算を棚上げして日韓条約締結を強行した人物であり、そのことは朴にとっては負い目とならざるをえない。さらに、法的にも憲法裁判所が慰安婦問題をめぐる韓国政府の不作為を違憲である(二〇一一年八月)と判断を下しており(第4章第3節)、安易な妥協は政権にとっての命取りにもなりかねなかった。だが、硬直した日韓関係が東アジア政策の重大な阻害要因と考えるアメリカの強い圧力を日韓双方とも撥ねのけることはできなかった。二〇一五年一二月、日本軍慰安婦問題をめぐる日韓合意(合意内容についても第4章第3節で詳述する)が成ったが、当事者の思いを無視した妥協として、その後の軍事情報包括保護協定(GSOMIA)の締結ともあいまって、朴槿恵政権の対日姿勢に対する批判が高まった。

朴槿恵政権の権威主義的統治

朴政権期には、「国情院政治」(金東椿「朴槿恵政権の国情院政治」)と呼ばれるような、諜報機関の国家情報院や、検察・警察などの公安権力をつかった権威主義的な統治が一段と強まった。そもそも大統領選挙の過程で国家情報院によるインターネットの書き込みやツイッターを利用した世論操作や、ソウル地方警察庁がこれについての捜査結果を矮小化し、偽りの中間捜査を発表していたことが明らかになった。その後も国家情報院の証拠のでっち上げによってソウル市の職員がスパイ罪で逮捕されるという事件も発覚して大統領と国情院院長が謝罪するという一幕もあった（二〇一四年四月）。現職の野党議員（李石基議員）が「内乱陰謀罪」で逮捕されたり（一三年九月）、公党である左派政党（統合進歩党）が「民主的基本秩序」に反したとして強制解散させられたりする（一四年一二月）など、民主化以後はほとんど前例のないような弾圧も起きた。公安権力が野党や労働団体など反対派を「従北左派」や「親北左派」と決めつけて圧力をかける事例がひときわ目立つようになった。

朴槿恵政権のこうした権威主義的統治の手段となるメディア支配は、その大半が李明博政権から引き継いだものであった。社長の任命権を梃子にほとんど権力の僕《しもべ》となった地上波テレビ（ＫＢＳ、ＭＢＳ、ＳＢＳ）、第四の権力とまでいわれる朝・中・東（朝鮮日報、中央日報、東亜日報）の保守言論、そしてこの保守言論が支配するチョンピョン（総合編成チャンネル）など、韓国の言論メディアの大半は右翼や保守派に支配されるようになっていた。

このうちチョンピョンは、ニュース、ドラマ、音楽など多様なジャンルのプログラムを編成することのできるケーブルテレビ局をいう。これを許可した改正メディア関連法（「新聞法」「放送法」「ＩＰＴＶ（インターネット・マルチメディア放送）事業法」）は保守言論によるメディア支配を招くとして反対論が吹き出すなかを強行採決された曰く付きの法律であったが、一〇年一二月、四社が選定されている。ＴＶ朝鮮（朝鮮日報）、ＪＴＢＣ（中央日報）、チャンネルＡ（東亜日報）、ＭＢＮ（毎日経済）など、視聴者の多くは高齢者で、保守・右翼の観点の偏向報道がまかり通るメディアであり、リタイアし、ほとんどテレビを観ることしか楽しみのないような老人たちにとってチョンピョンといえば世の中を見る窓であり尺度となっていた。

こうした言論メディアの保守支配に加えて朴槿恵政権の実現で勢いづいたニューライトなど右翼団体の活動、さらには、人事への介入や助成金・研究費などを求めて朴政権にすり寄る、教育・文化・芸能など各界のエリートたちが、朴槿恵の権威主義的な統治と共振し合いながら韓国社会全体のバックラッシュや反動化をもたらしていた。

こうして逆流や反動の機運が高まるさなかの二〇一四年四月、大型旅客船セウォル号が沈没し、大半が高校生からなる三〇〇人以上が犠牲となる大惨事となった。後に詳しく述べるように、旅客船を運営する船会社はもとより、救助を担当すべき海洋警察、政府当局など、事故に関係するありとあらゆる制度・機関の杜撰さや無責任さが複合してこの未曽有の惨事となった。後に述べる「空白の七時間」など大統領自身の職務怠慢が問われて政権批判も高まったが、この頃ではまだ遺族を中心とした抗議の声が政権を揺るがすほどに巨大なうねりを生みだすまでには至らなかった。反動の機運がいまだ大きく、むしろ、保守言論やマスコミの心ない報道に遺族たちが孤立するような局面さえあった。

図1のように、朴槿恵政権が折り返し点を過ぎた二〇一五年秋以降、内政・外交での失点やセウォル号事件などで支持率が三〇パーセント台へと下降するが、朴槿恵の独善やバックラッ

シュはとどまるところを知らなかった。一〇月、朴槿恵は、「国家アイデンティティ」や「正しい歴史認識」の確立を掲げて、中学・高校の歴史教科書を、検定制から国が単一の教科書を編集・発行する「国定制」に変えるという政策を打ち出したのである。朴正煕時代についての歴史の評価権を国が一人占めして、亡父を偉大な指導者として蘇らせようとしたのである。この「国定制」に対しては野党や歴史学者、さらにはこの教科書を使うことになる高校生自身からの懸念や反発の声が広まった。保守勢力の中からも、内政・外交をめぐって対立的懸案が目白押しの状況で政権運営の困難を不必要に加重するとの批判が高まった。

だが、こうした批判の声は朴槿恵にはほとんど届いていないかのようで、この頃から大統領と市民社会のディスコミュニケーションを表す「不通《プルドン》」という言葉が広まりはじめた。任期の折り返し点を過ぎて、世論はもとより仲間内の意見にさえも耳を傾けないような朴槿恵の側近政治の暴走がひときわ目立つようになっていた。

前述の陳永長官は辞任前に青瓦台(大統領府)に何度もその意思を明らかにしたにもかかわらず、その声は大統領に

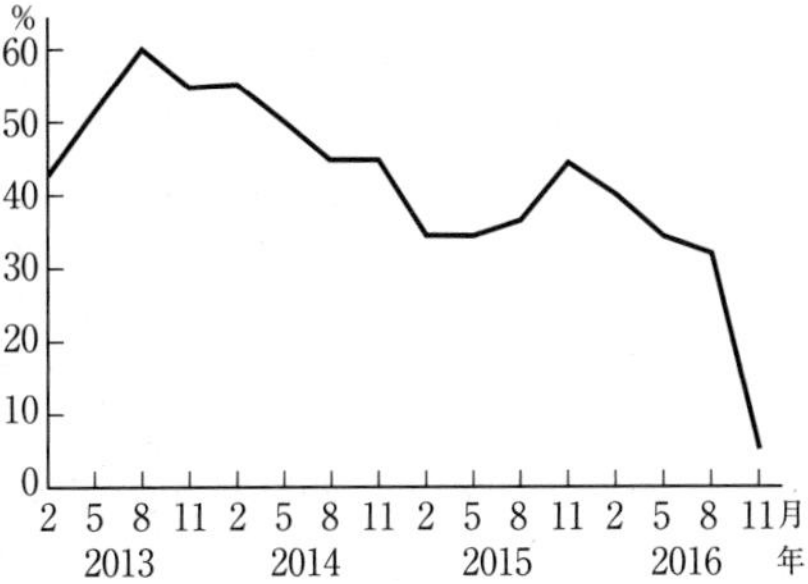

出所：韓国ギャラップ

図１　朴槿恵大統領の支持率推移

伝えられなかったとされる。実は、陳長官の退任に先立つ二〇一三年八月初め、朴正熙前大統領時代の晩年に大統領秘書官を務めた金淇春《キムギチュム》が秘書室長に就任していた。金は、一九七二年、法務部の課長として維新憲法制定の実務で重要な役割を果たした官僚で、人権や民主主義が蝕まれた暗黒時代を演出した人物の一人であった。この金淇春が、大統領秘書室のいわゆるドアノブ三人組*や、二〇一四年に大統領府秘書室の要職を占めることになる安鐘範大統領秘書室経済首席、禹柄宇民情首席秘書官などとともに側近政治の立役者となる。崔順実による国政への関与も、朴槿恵政権が発足する前後からすでに始まっていたことが後に暴露されている。「不通」といわれ、側近や「秘線実勢」以外とのコミュニケーションを一方通行の指示やブリーフィング以外は全く拒むような、病的なほどに閉鎖的な政権運営がこの時期からすでに始まっていたのである。

*鄭虎星、安ボングン、李在万の三人の大統領府秘書官のこと。朴槿恵の国会議員時代から秘書などを務めた側近たちで、大統領にコンタクトをとるためには必ずこの三人を通す必要があるとされたことからドアノブと揶揄された。

二〇一六〜一七年のろうそくデモは、こうした側近政治への批判を核に、社会全般の右傾化や保守化といった広い裾野をもつ権威主義的な統治体制への挑戦として意義づけることもできる。「名誉革命」や「ろうそく革命」といわれる所以である。もちろん、こうした朴槿恵の権

表2　第20代総選挙の政党別当選者数

	議席	共に民主党	セヌリ党	国民の党	正義党	無所属
選挙区	253	110	105	25	2	11
比例代表	47	13	17	13	4	—
合　計	300	123	122	38	6	11
(現職)		(102)	(146)	(20)	(5)	(—)
増　減		+21	−24	+18	+1	

出所：韓国中央選挙管理委員会

威的で閉鎖的な国政運営は、就任一年目では大きく表面化していなかった。陳長官の辞任劇のあった二〇一三年九月は、中国・杭州でG20のサミットが開かれたときで、朴槿恵は就任時の四二パーセントから六〇パーセントに支持率を上げている。セウォル号事件以後、支持率に翳りが見え始めて三〇パーセント台に下がったが、一五年の慰安婦問題の日韓合意で一時的に挽回している。

だが、第一野党が分裂して三つ巴の選挙となった二〇一六年の四月の第20代総選挙では、表2のように、セヌリ党は、過半数割れの敗北を喫した。与党の過半数割れは二〇〇〇年以来一六年ぶりであった。無所属で一一人の当選者が出ているが、その大半は、セヌリ党内で露骨な非朴排除の動きがあって公認漏れした劉承旼などが、無所属で出馬してセヌリ党候補を破って当選したことによる。こうして当選した無所属の七人がセヌリ党に復帰したことで第一党の地位は確保したものの、党内の親朴・非朴の亀裂はより深まり、これが後の大統領弾劾訴追案の可決の伏線となった。

進歩勢力の再編と分裂

二〇一二年の第18代大統領選挙の敗北の衝撃で進歩勢力はひと頃「メンプン（メンタル崩壊）」という言葉が流行するほどの落ち込みようであった。第17代選挙での敗北は、いわば用意された敗北であったが、第18代選挙の敗北はゴールを目と鼻の先にして半ば勝利を予測しての挫折でその衝撃は計り知れない。だが、こうした挫折と試練に耐えたことが、文在寅を中心とする親盧勢力をより柔軟で粘り強く、鍛え抜かれた集団として蘇らせることになった。

大統領選挙の敗北後、進歩勢力内の主導権は中道勢力に移り、二〇一三年五月、民主統合党は党名を民主党に変えて金漢吉代表体制となった。金漢吉は、一四年二月に独自の政党・新政治連合（正式名称は「国民の党新政治連合」）を結成していた安哲秀に水面下で接触し、両者は野党統合に合意した。また三月、金漢吉・安哲秀の共同代表による新政治民主連合（新民連）が創設された。金・安の体制は、一四年六月の統一地方選挙において、一八の広域団体長選挙で九人の団体長（首長）を当選させてなんとか勝利するが、七月の補欠選挙では八議席中一議席を除いてすべて与党が席捲する惨敗を喫した。このため両代表が退き、朴映宣《パクヨンソン》→文喜相と非常対策委員会体制を経て、二〇一五年二月の全党大会で、文在寅が対立候補の朴智元を退けて再び代表に選任された。その間、親盧・非盧間で激烈な派閥争いがあり、二〇一六年二月、中道志向の安哲秀系の議員と旧民主党系（金大中系）の朴智元・千正培《チョンジョンベ》らが離党し、理念的には保守と進歩の双方にウイングを広げる中道志向を謳い文句とする「国民の党」を二〇一六年二月に設立した。既得権政治の打破を標榜した安哲秀が、地域主義的な体質の濃い金大中派と「親盧覇権主義」に対する統一戦線をくんだ格好だ。

中道派や旧民主党系が去った新政治民主連合は、二〇一五年一二月に「共に民主党」と党名を変えて親盧中心のほぼ無派閥の体制を整え、一六年四月の総選挙に臨んだ。文在寅ら執行部は、それまでの激しい派閥抗争や「親盧覇権主義」という批判を意識してか、金鍾仁を迎え入れて非常対策委員長・選挙対策委員長として党の全権を委任した。金鍾仁は、「親盧覇権主義」というフレームからの脱却を目指し、新しい人材を迎え入れるとともに、親盧の大番頭格の李海瓚を公認から外すなど大胆な措置で「共に民主党」を勝利に導いた（李海瓚は無所属で出馬し当選を果たした）。

選挙は、世論調査などの予測を裏切って与党の完全な敗北であった。「共に民主党」、国民の党はあわせて四〇議席近くも議席を伸ばし、両党で過半数を制する勝利を収めた。「共に民主党」は第一党となって国会議長の選出権を得たが、その地位は、二〇一七年の大統領選挙で勝利した後の、与党としての国会運営に大いに役立った。国民の党も湖南の議席をほぼ席捲（二八議席中二三議席）して躍進したが、そのことは国民の党を湖南党として印象付けることになった。過半数の獲得が予測されていたセヌリ党は、過半数どころか第一党の地位からも滑り落ちる敗北を喫した。それは同じ年の一〇月に始まるろうそくデモと朴槿恵弾劾の序曲ともいえる敗北であった。

第2章

二〇一六〜一七年ろうそくデモ
——脱中心の変革

沈没したセウォル号(2014年4月16日，ロイター＝共同)

第1節　セウォル号の記憶

その日の朝

二〇一四年四月一六日午前九時半、全羅南道珍島沖の海上に大きく傾きながら浮かぶ旅客船セウォル号が、韓国のほとんどすべての地上波放送のテレビ画面に映し出された。船には修学旅行中の京畿道安山市にある安山壇園高校二年生の三二五人をはじめ乗員・乗客合わせて四七六人が乗っていた。この瞬間では、人々はまだ、時間は十分ある、みな無事に救出される、と信じた。学生たちも傾き沈み始めた船内からスマホによる映像やメッセージを送り続けていた。

だが、一〇時一七分、壇園高校生のカカオトークのメッセージ(「(船内で)待てと言っている。待てという放送があってから、それ以外の案内放送はありません」)を最後に船内からのメッセージは途絶える。そのときすでに船長や船員は船外に逃れていた。一一時一八分、セウォル号は海面からわずかに船首を残したまま沈没し、翌日、船は海底に沈んだ。船内にとどまった二五〇人の学生が一人残らず犠牲となった(行方不明者を含む)。

事故対応は初動から混乱の極みであった。事故発生からおよそ一時間たってソウルに安全行政部の中央災難対策本部が設置された。だが、同じ頃、海洋水産部、教育部、海洋警察庁などにそれぞれ別途に一〇個もの対策本部が設置されて情報が入り乱れた。「全員救助された」(一一時過ぎ)という考えられないような誤報も含めて各本部が競い合うようにして不確かなブリーフィングを乱発した。一七日になって鄭烘原《チョンホンウォン》国務総理が木浦に各本部を統括する対策本部を設置すると発表したが、その日のうちに撤回されるという混乱ぶりであった(珍島郡庁に海洋水産部を中心に一一の省庁合同の対策本部が設置された)。なによりもその間、危機管理のトップのはずの大統領が、一〇時二〇分に事故についての書面報告を受けたきり、一七時一五分にソウルの対策本部に顔を出すまでの七時間余りの間、どこにも姿をみせなかった。人命救助のゴールデンタイムといえるこの「空白の七時間」の謎は、事故から六年以上たったいまも解明し尽されていない。

船内の学生の通報(八時五二分)から四〇分ほどで駆け付けた海洋警察も、船内に入って子供たちを救おうとはしなかった。事故現場にやってきた海洋警察の最初の警備艇が救助作業を始めたのは九時三六分だった。そのとき船は左舷側に六〇度ほど傾いていたが、客室はまだ海に浸かっていなかった。この時点で、救助隊が船内に入って乗客を誘導すれば多くの人命が救われていたとされている。

初動の対応のまずさに加えて、救助機関や行政関係者の言動も絶望の淵にあった遺族たちの心情を逆なでした。セヌリ党の最高委員の韓起鎬は、政府の不手際を非難する遺族に対して「北朝鮮の指令を受けた左派団体に関係している」（『OhmyNews』二〇一四年四月二〇日）といい、他のセヌリ党議員からも「左派に先導されている」などという言いがかりがあいついだ。海洋警察のある幹部は「八〇人救えたのだから大したものだ」と述べて遺族の怒りを買ったが、さすがにその幹部は解職された。安全行政部の宋《ソン》ヨンチョル局長は、死亡者名が書き込まれた掲示板の前で記念写真をとってこれも解職されている。対策責任者の一人である教育部長官は、ほとんど食物が喉を通らない状態の行方不明者家族が控える体育館で、即席ラーメンを食べていたことが報じられた。これも猛烈な非難にさらされた。

惨事の直後から数日間は、新聞・テレビがこうした救助関係者の不手際や心無い言動も含めて莫大な量の速報を流しつづけた。そういう情報の奔流のなかで人々はこの悲劇の一部始終を、他人ごとではない、わが身のこととして目撃した。その衝撃は、三豊百貨店の崩壊（一九九五年、五〇二名死亡）や大邱地下鉄火災（二〇〇三年、一九二名死亡）など大惨事を経験した韓国の市民にとっても未曽有の体験であった。それまでの惨事とは違って、セウォル号のそれは、救い得たはずの数多の命が船体とともに沈みゆく、その二日にわたる苦渋の時間を、乗客家族も国民もなすすべもなく見守らなければならなかった。

船内の学生たちが差し迫った死を予期できないままスマホを通じて残したメッセージや映像がこの惨事をより一層悲痛なものにした。悲しみと憂鬱、無力感や自責の念、幻滅と怒りといった、さまざまな感情が犠牲者の遺族をはじめ、同世代の若者たち、教育者やジャーナリスト、与野党の政治家など各々の立場や信条と結びつきながら人々の心に深く宿った。社会が全体としてある種のトラウマを抱え込むことになったともいえる。「これでも国か」という、ろうそくデモのさ中で異口同音に発せられた嘆きが誰からともなく発せられ始めていた。

大統領の〝涙〟

セウォル号の惨事は、韓国社会に積もり積もったありとあらゆる歪みを明るみに出した。無分別に規制を緩めながら危機管理の備えを欠いた政府、船会社と癒着した、無責任この上ない海洋警察幹部、船舶の無理な改造、積み荷の過剰積載、船長・船員の非正規化とモラルや専門性の欠如……こうした醜態の一つ一つをセウォル号の惨事をめぐってあふれ出た莫大な情報の海の中で国民は目の当たりにすることになった。

世界に例をみないほどの超高速の社会変化を経た韓国社会は、前近代的な権威主義社会の矛盾が十分に払拭されないまま、産業化・民主化に伴う近代社会に特有の矛盾が折り重なり、さらには激烈な競争や非正規雇用の増加に象徴される超近代の矛盾までもが重層し、それぞれの矛盾が互いに補強しあったり相殺しあったりする社会に変貌していた。セウォル号の惨事はそうした幾重もの矛盾が一挙に噴き出した出来事であった。「なぜ私たちは社会がこんなふうになるのを放置してきたのか」、以下の告白はそういう人々が惨事を通じて負うようになった強烈な原罪の意識を表している。

死んだ人たちが単に可哀そうで、というだけではなく彼・彼女たちが死んでいくその長い時間の間、……この出鱈目なシステムを放置してきた自分たち自身に対する羞恥心で身震いしたのだ。

(金エラン・陳ウニョン他『盲人たちの国家』)

納得しがたい死に直面した遺族たちにとって、死者の弔いは真実の究明と分かちがたいものとなった。惨事の直後から、おびただしい数の市民が悲劇の現場(珍島)に、壇園高校のある安山に、犠牲者遺族が抗議のために断食籠城する光化門広場に駆け付けて、この遺族たちに寄り添った。市民は黄色いリボンをつけてオンラインによる追悼行動に加わった。セウォル号犠牲者への哀悼は、個人レベルの悲しみを超えて、社会的、もしくは政治的な追悼へと変わる。組織や理念による政治参加ではなく、哀悼という個人の内面深くに萌す共感が不条理な現実への異議申し立ての機運を生んでいた。

こうして政府への非難が日増しに激しくなるなか、朴槿恵政権は統一地方選挙(六月四日)など重大な政治日程を控え、なんとか遺族たちの不信や怒りを宥めて沸騰する世論を鎮めなければならなかった。四月二七日、鄭烘原国務総理が政府の初期対応の遅れに責任を取るとして辞意を表明した。その二日後の国務会議(閣議)で、朴槿恵は、「今回の事故で多くの高貴な生命を失ったが、国民の皆様に申し訳なくて気が重い」と初めて謝罪の言葉を口にした。事故発生から一三日が経っていた。だが、国務会議という、いわば内輪の会議での中途半端な謝罪がかえって遺族たちの怒りを買い、五〇パーセント台を維持していた朴槿恵の支持率も急落し始めた。

セウォル号の惨事から一カ月後の五月一六日、朴槿恵は大統領府でセウォル号事故家族対策委員会代表団の一七人と面談し、真相究明のための特別法の制定や内閣改造などを通じて、「根本から誤りをただす」考えであると述べた。さらに五月一九日には、「対国民談話」を通して「今回の事故にまともに対処できなかったことの最終責任は大統領である私にある」としたうえで「国民の生命と安全の責任を負わなければならない大統領として、国民の皆様が体験された苦痛に心より謝罪申し上げる」と述べた。さらに「海上警察の救助業務が事実上失敗だった」ことを認め、これを「解体する」ことを明らかにした。最後に朴は、惨事で犠牲となった壇園高校生と教師をはじめ、救助にあたって犠牲となった乗務員や民間の潜水夫などの名前を一人一人読み上げながら涙を目に浮かべた。セウォル号の惨事が「国家が国民を救助しなかった出来事」であることを認める儀式でもあった。

だが、この朴槿恵の涙の謝罪をきっかけにセウォル号の記憶をめぐる綱引きが始まった。「大統領は涙をぬぐって」ほしい、という声が支持層を中心に広がり始めた。六月の統一地方選挙に加えて七月には国会議員の補欠選挙も控えていた。「セウォル号政局からの脱却」が朴槿恵政権にとって切実な課題となった。

攻防

このとき野党は、第1章第3節で述べたように、二〇一二年の第18代大統領選挙の敗北以後、主導権が金漢吉らの中道勢力に移り、安哲秀が合流して金・安の共同代表による新政治民主連合(新民連)の体制となっていた。六月四日の統一地方選挙は、セウォル号の惨事の責任問題が重大な争点となり、野党は「セウォル号審判論」を前面に押し出して選挙戦に臨んだ。選挙結果は新民連がソウルなど九つの広域自治体首長を当選させて、与党のセヌリ党の八を上回ったが、仁川や京畿道という首都圏で敗北し、セウォル号政局の中でも勝利を確かなものとすることは出来なかった。

逆に決定的な惨敗を免れた与党は、この結果を朴槿恵の涙の謝罪が功を奏しての免罪符と受け止め、反転攻勢への兆しを示し始める。この頃から、「もう日常に復帰しよう」、「セウォル号の犠牲者は年間の事故の犠牲者よりも少ない」(KBS報道局長)といった、政府寄りの主流メディアによる攻勢も目立ち始める。

セウォル号の惨事を単なる事故だとしたり、延いては責任を追及しようとする遺族を「不純分子」や「従北分子」に貶めようとする勢力と、惨事を人権無視の反民主的な政治社会のシステムに根差す人災と見なして、そうしたシステムそのものの改革を求める勢力との攻防が始まる。そしてこの攻防の帰趨を決するうえで重大な意味をもったのが、七月三〇日に予定されていた国会議員補欠選挙であった。補欠選挙とはいえ、不祥事や地方団体長選挙への転出による欠員が一五議席にも達し、「ミニ総選挙」とまで言われた。選挙区も首都圏六、忠清道三、湖南四、嶺南二と全国に分布し、朴槿恵政権に対する民意を測るうえでも重要な選挙となった。

その間、セウォル号の遺族たちは、惨事の真相究明のための捜査権や起訴権をもつ特別委員会の設置を骨子とする特別法の制定を求めて、全国で三五〇万人の署名を集めていた。投票日に先立つ七月一四日には、犠牲者家族の一五人が国会前で断食闘争に突入した。かりに野党が圧勝すればセヌリ党(選挙前一四七議席)を過半数割れに追い込んで、こうした遺族たちの申し立てに応える機運をつくりだすことが出来たはずだった。

だが、結果は野党の惨敗に終わった。首都圏の六議席中五議席を奪われ、忠清道はすべての議席を、野党の堡塁ともいえる全羅道でも一議席をセヌリ党に明け渡してしまった。野党は、例によって候補公薦をめぐる派閥間のごたごたが表面化して朴政権審判の風を起こしそこなった。敗北の責任をとって金・安の共同代表は退き、新民連は非常対策委員会体制に移った。

七・三〇補欠選挙の圧勝を受けて朴政権は事故忘却への環境づくりに本格的に乗り出し、特別法制定を求める遺族たちの動きを封じ始める。警察は、大統領府近辺での遺族やサポーターによる抗議のろうそく集会やデモを禁じた。八月一三日、セウォル号特別法の制定を要求する遺族とその支持者たちからなる「四・一六光化門国民籠城団」が大統領府を目指す行進を試みたが、警察は力ずくでこれを排除した。

セウォル号特別法は一一月になってようやく「四・一六セウォル号惨事真相究明および安全社会建設等のための特別法」(以下単に特別法)として成立した。大筋では与野党の主張の折衷案であり、特別法によって設置される特別調査委員会は、遺族が要求していた捜査・起訴権はなく調査期間も一年に制限された。調査委の委員長は被害者遺族の推薦で決まることとなったが、実権を握る副委員長兼事務処長は与党の推薦となった。さらに調査委が提出した組織案や予算案は大幅に縮小された。

こうして、とうていまともな真相調査がなされるとは思えない体制となり、七月の補欠選挙を経て忘却への環境づくりが着々とすすんだ。「時間が経つにつれてセウォル号は全国民が悲しみをともにしなければならない不幸な傷ではなく、大韓民国に分裂と葛藤をもたらす厄介者のように見なされ始めた」(『京郷新聞』二〇一四年一二月一九日)。

政府に同調する反共団体のキャンペーンもつづいた。韓基総(韓国基督教総連合会)の副会長(牧師)は、「貧しい家の子は修学旅行に慶州の仏国寺に行けば済むのに、なぜわざわざ海を渡って済州島にまで……」と言い放って憚らなかった。KBS、MBCなどの主要メディアも、忘却のキャンペーンに一役も二役も買った。「いつの間にか〈国家加害―家族被害〉の構図から被害者である家族が攻撃される状況への転倒が起こってしまった」(朴明林「セウォル号政治の表層と深部」)。後に明らかになったことだが、国情院は、遺族の私生活を査察し、そこで得た情報を保守メディアに流すなどして、遺族の人格を貶める世論操作を試みていた(『OhmyNews』二〇二〇年四月二七日)。

さらに、はなはだしいことには、光化門広場で断食闘争を繰り広げる遺族や支持者の面前で、〈爆食闘争〉、〈ピザ闘争〉と称して、チキン、ラーメン、ピザ、ハンバーガーなどを〝爆食〟する輩まで現れた。この最悪の暴挙の主体はイルベ(オンライン・コミュニティの「日刊ベスト貯蔵所」)の会員たちであったが、このイルベも国情院の世論工作に結びついていたことが明らかになっている。

そんな野蛮がまかり通る韓国社会に手を差し伸べたのは、八月一五日の聖母被昇天祭を前に訪韓したフランシスコ教皇だった。教皇は遺族たちが贈った黄色いリボンを身につけて光化門の遺族たちを訪れた。ミサではセウォル号の惨事について触れて遺族を慰めた。教皇は「人間的苦痛を目の当たりにして中立でいることは出来なかった」との言葉を残して韓国を去った。

弔いの政治

こういう逆境のなかでも遺族たちは悲しむことを止めなかった。遺族にとって悲劇はいまだ進行形にほかならなかった。九月になってもまだ船体は海底にあって一〇人の行方不明者(「未収拾者」)があり、真相究明はままならない状況であった。この遺族たちに寄り添うサポーターたちの活動も衰えなかった。「遺族の〈悲しむことを止めない〉闘争も驚くべきものであったが、市民たちの直接行動を通じた広範囲なそして長期にわたる政治的哀悼は韓国の災難史において も類例を探すことができない」(ユ・ヘジョン「政治的哀悼を通じた生の再建――セウォル号惨事の市民経験を中心に」)といわれる。

惨事後ただちに真相究明や政府批判の「政治的哀悼」=弔いの政治に乗り出したのは、市民運動団体、宗教界、学界、言論界など各分野の社会運動経験者たちで、二〇一四年五月、既存のネットワークを利用して「セウォル号国民対策会議」を立ち上げた。参与連帯、全教組、カトリック人権委員会など六〇〇余りの市民団体がこれに加わった。対策会議は、七月補欠選挙後の逆流のなかでも粘り強く活動をつづけ、セウォル号惨事一周年の集会では警察と衝突し、遺族二〇人余りを含む一〇〇人以上が連行されている。

二〇一五年六月には遺族、市民団体、人権活動家でつくられた「四・一六連帯」(「四月一六日の約束国民連帯」)が組織された。四・一六連帯は、一年間にわたって三〇〇人余りの委員が一〇〇〇回を超える草の根討論を行い、「尊厳と安全に関する四・一六人権宣言」を惨事二周年の二〇一六年四月に発表した。「セウォル号の惨事を記憶し真実を明らかにし、正義を打ち立てるための実践を放棄しない」との宣言通りに、四・一六連帯の活動は二〇二〇年現在もなおつづいている。

遺族を支えるサポーターの中には、そうした社会運動のネットワークとは無縁な会社員や主婦たちも多い。その動機や思いは様々であった。二日にわたって可視化された悲劇の衝撃と悲しみ、惨事が他人ごとではないという恐れ、惨事を通じてむき出しになった不正義への怒り、こうした不正義が再び隠蔽され忘れ去られるのではないかという危機感、そして何よりも生き残った者としての罪責感がサポーターたちを突き動かしていた。とくに忘却への圧力が強まるなかで「弔いの政治」に加わった個人も少なくない。ユ・ヘジョンは、こうして目撃者からサポーターへと変身した一〇人にインタビューと追跡調査を行っている。以下の証言は、日常の垣根を越えて「弔いの政治」に歩み出たある主婦の止むに止まれぬ思いを表している。

とんでもないことが起こったのにしばらく経って私の周りをみるとみな何もなかったかのように普通に暮らしてるんですね。……あぁ、これは違うんじゃないか、ひどく違和感があり、わが子に成長してから尋ねられたときすごく恥ずかしいのでは、という思いがしました。何もしなかったということの羞恥心、良心の呵責……インターネットをみると一人示威というのがあるので私も後先を考えず一人示威をはじめました。

（ユ・ヘジョン前掲論文）

個人のサポーターたちは、「オンマの黄色いハンカチ」や「リメンバー0416」などのオンライン・コミュニティを通じて遺族の〈悲しむことを止めない〉闘争を支えた。このサポーターたちもやがて街頭に出て、一人示威に立ち、ろうそくに火を灯し、看板をつくり、署名を集めた。

死者への哀悼や罪責感は、光州事件で犠牲となった学生・市民や、一九八七年の六月民主化抗争での朴鍾哲・李韓烈への追悼に根差す組織化された「民衆抗争」の源泉となってきた。だが、二〇〇〇年代には組織よりも個人の思いに根差す共感が、ときには数十万人という規模の集合行動を生み出していった。セウォル号遺族の、逆境の下での三年以上にわたる闘いを支えたのも、死者を悼み、その死にまつわる不条理に立ち向かう一人一人の市民の強い思いだった。

やがてそれは二〇一六～一七年ろうそくデモの巨大な奔流と出会うことになる。

第2節　ろうそくデモ

ろうそくデモの時代

韓国のケーブルテレビ局ＪＴＢＣが、朴槿恵政権の「秘線実勢」といわれた崔順実*の国政介入の証拠となるタブレットＰＣを入手してこれを報じたのは、朴が任期の終盤を迎えつつあった二〇一六年一〇月二五日のことであった。その週末の二九日には、三万人の市民がソウルの光化門広場でろうそくに火を灯した。この日から、憲法裁判所が朴大統領に弾劾を宣告した日の翌日(二〇一七年三月一一日)まで、光化門広場を中心に二〇回に及ぶろうそくデモが市民たち自身の発意でつづけられた。このろうそくデモは、市民による街頭での抗議行動としては世界史的にも異例の規模と内容をもって繰り広げられた。

＊一九七九年にそれまでの崔畢女から崔順実と改名。さらに二〇一四年には崔ソウォン(최서원)と改名し、最近の裁判などではこの崔ソウォンが公式名となっている。

デモや集会への参加者は、主催者発表でおよそ累計一七〇〇万人(白書チーム『朴槿恵政権退陣ろうそくデモの記録』)に達し、ピーク時(二〇一六年一二月三日)にはソウルで一七〇万人、全国で二三二万人が参加している。これだけの規模にもかかわらず、デモや集会は警察や右翼との目立った衝突もなく平和裏に終始し、韓国の市民社会の成熟ぶりを国際社会にアピールする結果となった。

ろうそくデモは、李《イ》承晩《スンマン》政権を退陣に追い込んだ一九六〇年の四月学生革命以来、街頭での抗議行動が民主化の原動力ともなってきた韓国民主主義のいわば〝伝統〟に根ざしている。だが、その形態は、催涙弾や投石が飛び交い、流血に至ることさえ少なくなかった九〇年代までの抗議行動とは様相を異にしている。ろうそくデモという形態の異議申し立ては、すでに述べたように、二〇〇二年、米軍の装甲車によって轢死した二人の女子中学生のために「アンマ」というハンドルネームのネティズン*がろうそくの火を掲げての追悼を呼びかけたことに始まった。その後、盧武鉉大統領に対する国会の弾劾決議(二〇〇四年)や米国産牛肉輸入(二〇〇八年)などに抗議する大規模なろうそくデモが起こった。だが、この時のように大規模かつ平和的なデモや集会は韓国でも前例のないことである。しかも、これだけの規模で現職の大統領の退陣をはっきりと目標に掲げたデモであったことも異例であった。

＊ネティズンもしくはネチズンでNetworkとCitizenの合成語であるが、近年の韓国では固有語のヌリックン누리꾼という言葉が使われている。ヌリ누리はネットワークや世の中の意味。

一〇〇万人を超える学生や市民を、日常の垣根を越えて広場や街頭の公共空間へと押し出すためには、市民社会に渦巻く現状への不満や怒りに火をつけて、情報の拡散や思いの共有を媒介する手段や組織が必要となる。一九八七年の六月民主化抗争では、総学生会など大学の自治組織と、在野の統一戦線団体の「国本」(民主憲法争取国民運動本部)がそういう役割を果たした。韓国政治の刷新に大きな意味をもった二〇〇〇年の「落薦・落選運動」(第1章参照)や「国民基礎生活保障法」の立法には参与連帯など市民団体がその役割を果たし、二〇〇〇年代のいく度かのろうそくデモでは、ネティズンによる迅速で水平的な情報伝達がその役割を果たした。ろうそくデモの時代では、「巨大談論」(大きな物語)、つまり、天下・国家を語る運動家の論理や大義が街頭での大規模な直接行動をリードした時代とは違って、労組や政党はもちろん、市民運動団体でさえ周辺的な役割にとどまった。

FACT連合

大統領の弾劾を叫ぶまでに至った二〇一六〜一七年のろうそくデモでは、SNSを通じて情報や思いを共有するヌリックンたちとともに、元来右翼や保守とされてきた『朝鮮日報』やJTBCというメディアが、政権批判の先鋒を担ってきた『ハンギョレ』とともに決定的な役割を果たした。

『朝鮮日報』などの韓国の保守系の新聞は、軍事政権の時代には権力と結びつくことで基盤を構築し、民主化以後の韓国社会では独自で強固な社会権力として、保守政権期には財界と並ぶ権力ブロックの一翼をなしてきた。だが、朴槿恵は、「保守政治・財閥・保守言論の三角同盟を認めなかった」（チョンチョルン『朴槿恵、倒れる』）といわれる。意にそぐわないものは徹底的に排除する権威主義政治の矛先は、進歩派ばかりか、保守派の言論人にも向けられていた。「朴槿恵にとって朝・中・東は自身の父に頭を垂れた〈家臣〉の子供たちが運営する会社に過ぎず、政府を牽制する第四の権力として葛藤したり、同等に見なしたりすべき相手ではなかった」（同書）。

崔順実ゲートの取材と報道は、そういう朴槿恵に怒りや危機感を覚えた『朝鮮日報』によって先陣が切られた。『朝鮮日報』は、二〇一六年七月二日付の論説主幹の署名入りコラムで朴槿恵を「女王」と揶揄し、「大統領と長官・首席の間は君臣関係だといっても過言ではない」と非難した。さらに同紙は、禹柄宇民情首席秘書官一家の汚職問題を報道し同秘書官の解任を要求した。さらに『朝鮮日報』系列のチョンピョン（TV朝鮮）が、崔順実が関与して設立したミル財団・Kスポーツ財団へのサムスンなど一六の財閥からの資金調達に安鐘範秘書室首席が関与したことを報じた。崔順実ゲートの最初の報道であった。

だが、この『朝鮮日報』の報道に対する朴政権の反撃はすさまじかった。政権の息のかかった地上派テレビ、とりわけMBCは、朴槿恵政権の口（代弁者）となって『朝鮮日報』を「腐敗既得権勢力」とののしった。さらに朴槿恵政権は、『朝鮮日報』の宋熙永主筆が大企業から供応を受けたことを暴露したり「税務調査」をちらつかせたりして圧迫した。これに怯んだ『朝鮮日報』は宋主筆の辞表を受理して一面に謝罪文を掲載し(八月三一日付)、朴槿恵批判の戦線からあえなく撤退してしまった。

だが、この局面で進歩派の『ハンギョレ』が崔順実ゲートを本格的に報道し始める。『ハンギョレ』は九月二六日、崔順実の娘(鄭ユラ)の梨花女子大への裏口入学や成績評価など学事管理の特恵疑惑を報じた。後に詳しく触れるように、このとき梨花女子大では、新学部の設置に抗議する学生たちによる大学本部の占拠・籠城が七月末からつづいていた。不正入試の報道は、この「梨花の乱」を勢いづかせるとともに、全国の大学生たちの抗議行動を誘い、ろうそくデモの大規模化の背景ともなった。

『ハンギョレ』は、『朝鮮日報』のそれまでの崔順実関連報道の卓越した取材ぶりをたたえるとともに、『朝鮮日報』社長の記者魂に訴えて、崔順実ゲート取材の継続を紙面を通じて呼びかけた(九月二九日)。『朝鮮日報』はこれに直接応えることはしなかったが、崔順実ゲートの疑惑報道を再開し、一〇月には『朝鮮日報』が『ハンギョレ』を引用し、『ハンギョレ』が『朝鮮日報』を引用するという稀にみる連係プレイが繰り広げられる。

さらに、ここに孫石熙《ソンソッキ》を報道総括社長兼アンカーとするＪＴＢＣが加勢した。『中央日報』

系列の保守的なチョンピョンに過ぎなかったＪＴＢＣは、孫石煕の入社以来、ファクト重視を信条に、権力に距離を置くニュース報道で視聴率を伸ばしていた。孫は、ＭＢＣの記者・アナウンサー時代（一九八四〜二〇一三年）は労組員としてストに参加し逮捕された経験もある骨太の記者として知られていた。セウォル号の報道でも終始犠牲者遺族に寄り添って、他の報道メディアとは一線を画していた。

このＪＴＢＣが、崔順実が朴槿恵の演説や会議用の原稿に加筆したファイルが大量に残されたタブレットＰＣを入手し、一〇月二五日、これを報道した。翌日、朴槿恵もこれを認めて国民に謝罪した。その三日後、主催者側発表で三万人と小規模であったが、朴槿恵の退陣を求める最初のろうそくデモがソウルであった。

韓国には三〇パーセント前後の「コンクリート支持層」と呼ばれる強固な保守右派勢力の支持基盤がある。朴槿恵政権への支持率もセウォル号事件以後低迷したとはいえ、ＪＴＢＣのタブレット報道の直前までは三〇パーセント前後を維持していた。ところが、第1章第3節の図1のように、第一回のろうそくデモ直後の一一月はじめの支持率は五パーセントまで急落し、その後も回復する兆しをみせなかった。支持率五パーセント以下というのは、標本調査の誤差を考慮すると統計的にほとんど無意味な数値であり、各世論調査機関も一二月の第二週以降は国政支持率に関する調査をやめてしまった。

大規模で連続的な集会とデモは、こうしてFACT連合といわれる、徹底した取材とファクト・チェックを前提とした新聞・テレビの特ダネ報道→ヌリックンたちによるSNS（NAVERやDAUMのポータルサイトに開かれたコミュニティやブログ、ツイッター、フェイスブック、カカオトークなど）を通じた大規模で迅速な情報の拡散と共有→ろうそく集会・デモ、というサイクルが繰り返されるなかで実現していた。つまり、テレビや新聞といったオーソドックスで垂直的な情報伝達と、SNSというネットワーク型の水平的な情報拡散が結び合って政権批判の巨大なうねりを引き起こしていた。

弾劾訴追案の可決

二〇一六年一〇月二九日の第一回のろうそくデモを呼びかけたのは、「民衆総決起闘争本部」という、民主労総、全国農民会総連盟、韓国貧民連合、二一世紀韓国大学生連合など五三の団体によって組織された、労働運動中心のきわめてオーソドックスな大衆組織だった。同本部は二〇一五年一一月一四日に「全泰壱烈士精神継承全国労働者大会民衆総決起」集会のために組織され、その後、同様の集会を二〇一六年の三月までに五回にわたって開催していた。一一月一二日に六回目の集会を計画し準備していたところ、降ってわいたように朴槿恵・崔順実の「国政壟断」批判の機運が高まり、急遽、予定した集会を切り替えて、第一回から第三回（一一月一二日)までのろうそくデモの「主催団体」としての役回りを引き受けることになった。

第三回のろうそくデモになってはじめて、民主労総、全農(全国農民組合総連盟)、貧民連帯(貧民解放実践連帯)、参与連帯、環境運動連合、民弁(民主社会のための弁護士の集い)、女性団体連合など、全国一五〇三の団体が参加してその後のろうそくデモの企画と準備をになう「朴槿恵政権退陣非常国民行動」(以下、退陣行動)が公式に発足した。だが、その共同代表を務めた参与連帯共同事務処長(当時)の安珍傑《アンジンゴル》も認めているように、その役割は、あくまでも連絡やスケジュール設定など「サブ(補助的役割)」にとどまった(安珍傑「インタビュー　ろうそくで始まった完成した革命」)。さらにその後、ろうそくデモが回を重ねていく過程でも、「事実上、退陣行動はデモの方向やイシューを決定できない状況に陥ったし、デモの主導権は完全に未組織の数多のデモ群衆に移っていった」(車《チャ》ジェグォン「ネットワーク社会の多衆運動」)。

一回目のろうそくデモの後、検察がようやく重い腰を上げた。崔順実ゲートの調査のためにソウル中央地検に設置された特捜本部が、イギリスから帰国(一〇月三〇日)したばかりの崔を一一月三日逮捕した。四日、朴槿恵は、遺憾の意と検察の捜査に応じる旨の謝罪談話を発表したが、市民の怒りは収まらなかった。

この間、一〇月二六日に始まった各大学の「時局宣言」が二八日には全国四一大学に広まり、崔の逮捕と朴の退陣を求めた。一一月に入ると、朴政権に批判的な文化・芸術関係者をリストアップした「ブラックリスト」によって不利益や活動の制約を受けた芸術家や俳優ら（一八八団体、七四四九人）が「朴槿恵退陣時局宣言」を発表し、光化門広場に「朴槿恵退陣キャンプ村」を設けた。

こうして朴槿恵退陣を求める声が高まる中で開催された第二回のろうそくデモでは三〇万の市民が、そして一一月六日の安鐘範経済首席秘書官など側近の逮捕を経て開催された三度目のろうそくデモ（一一月一二日）では、一〇〇万を超える市民がろうそくに火を灯した。この三度目の頃には、ろうそくデモは全国一七の道・特別市の主要都市に拡散し、主催側は全国各地のろうそくデモ開催情報をインターネットやSNSを通じて公開し始めた。

この百万人集会以後、国会でも野党三党が朴槿恵〝退陣〟論で足並みをそろえ始めた。このとき国会の構成は、第一党の「共に民主党」が一二一議席で国会議長（丁世均）を出し、文在寅は党の常任顧問として指導的地位を維持していたものの、執行部は秋美愛代表・禹相虎院内代表体制となっていた。中道の国民の党は、三八議席で非常対策委員会体制にあって朴智元が委員長としてリードしていた。正義党は六議席で沈相灯《シムサンジョン》が代表として率いていた。対する与党のセヌリ党は一〇九議席で代表が朴槿恵に近い李貞鉉であったが、李ら党の主流派（親朴）と朴槿恵の恣意的な党運営に反発する金武星前代表や劉承旼前院内代表など非主流派（非朴）との対立が激しくなっていた。

第一回のろうそくデモがあった一〇月末の国会での論議は、主として朴槿恵の党籍離脱を前提とした「挙国中立内閣」の設置をめぐるものだった。これを文在寅をはじめとした野党が提案し、与党も合意しつつある状況だった。これに対して朴槿恵は一一月二日、与野党には諮らないまま金秉準を総理に任命しようとした。居直りや居座りともとれるこうした朴槿恵の姿勢に、上で述べたように一一月一二日、全国で一〇〇万を超える市民がろうそくに火を灯し、朴槿恵の退陣を訴えた。この百万人デモが決定打となって民主党など野党三党は大統領退陣に向けた挙党体制を組み始め、ろうそくデモの市民たちとの一体化を標榜した。

一七日、崔順実ゲートに関する与野党一八人の議員による国政調査特別委員会が六〇日間の活動を開始した。さらに同じ日、セヌリ党の四九人の議員を含む二〇九人の国会議員が発議した「朴槿恵政府の崔順実など民間人による国政壟断疑惑事件究明のための特別検事の任命等に関する法律案」が採択され、九〇日に及ぶ特別検事*の活動が始まった。

*米国の「特別検察官制度」に近い制度で、高位公職者の不正事件に対して国会の立法をもって設置される独立の検察官制度をいう。

一一月二〇日、検察の特捜本部は、崔順実・安鍾範などに対する起訴嫌疑を明らかにするとともに朴槿恵が二人と「共謀関係」にあるとする判断を、その間の捜査の「中間発表」として明らかにした。これを受けて、翌日、三野党は大統領の〝弾劾〟を党の基本方針として確定した。だが、弾劾には国会議員の三分の二が賛成票を投ずる必要があった。キャスティングボートを握ったのは金武星や劉承旼など与党内の非主流派(非朴系)議員たちであった。水面下では禹相虎民主党院内代表などによるセヌリ党非朴系議員たちへの懸命な切り崩し工作がすすめられた。

こうしたなかで開かれた第五回のろうそくデモ(一一月二六日)ではソウルで一五〇万人、全国で一九〇万人余りが街頭に出て、弾劾訴追案の可決を求めて国会に迫った。地方では釜山一〇万人、光州七万人、保守与党の牙城といえる大邱でも四万人が参加した。これに対して朴槿恵は、「任期の短縮を含む進退問題を国会の決定に委ねる」という三度目の「対国民談話」を発表するが、野党はこの提案には応じなかった。一方のセヌリ党内部でこれをめぐって弾劾推進派と任期短縮を受け入れる親朴派の対立が激化した。その間、民主労総はゼネストをうち、ソウル、高麗、延世、梨花など一三の主要大学の学生たちは同盟休校に突入した。

こうして弾劾を求める機運が高まるなかで開かれた一二月三日のろうそくデモは、最大級の数の市民が参加するデモとなった。ソウル一七〇万人、釜山三二万人、光州一五万人など、全国一〇〇余りの地域で二三二万人の市民が結集して弾劾訴追案の可決を国会に要求した。この日の集会後のデモ行進は、青瓦台まで一〇〇メートルの地点まで迫った。東学農民戦争の指導者全琫準の名を冠して「全琫準闘争団」を名乗った農民たちは、この日のデモへの参加を目指してトラクターなど農業機械一〇〇〇台余りで各地を発ちソウルに至ったが、目前にして市内への進入を警察に阻まれるという一幕もあった。

この超大型のデモの翌日、セヌリ党非主流派の「非常時局会議」は弾劾訴追案に同意する方向で議論をまとめた。これによって憲政史上二度目の大統領弾劾訴追案の国会での採択が見込まれる状況となった。一二月九日、国会本会議で弾劾訴追案の審議と評決が行われる運びとなり、前日は、午前からろうそくデモが国会を取り囲んだ。民主党議員は弾劾訴追案否決の場合、総辞職するとの覚悟を決議として採択した。九日の本会議で民主党に割り当てられた国会傍聴券はみなセウォル号事故の遺族に贈られ、遺族たちが見守るなかでの審議と評決となった。

結果は、賛成二三四、反対五六、無効七、棄権二、欠席一と、三分の二をはるかに超える賛成票で弾劾訴追案は採択された。投票は無記名で行われたがセヌリ党一〇八人のうち六〇人余

場所・参加人数(単位万人)
ソウル 3
ソウル 20，地方 10
ソウル 100，地方 10
ソウル 60，地方 36
ソウル 150，地方 40
ソウル 170，地方 62
ソウル 80，地方 24.3
ソウル 65，地方 12
ソウル 60，地方 10.2
ソウル 100，地方 10.4
ソウル 60，地方 4.4
ソウル 13，地方 1.6
ソウル 32，地方 3
ソウル 40，地方 2.5
ソウル 70，地方 5
ソウル 80，地方 4
ソウル 100，地方 7
ソウル 3，地方未集計
ソウル 95，地方 10
ソウル 65，地方 7

表３　ろうそくデモの各回のスローガンと参加人数

回	日	スローガン
1	2016.10.29	集え，憤怒しよう，降りよ朴槿恵
2	11. 5	集え，憤怒しよう，降りよ朴槿恵　2次汎国民行動(副題：憤怒の文化祭)
3	11.12	白南己，ハン・サンギュンとともに民衆の大反撃を　朴槿恵政権退陣！2016　民衆総決起
4	11.19	光化門から全国へ！　朴槿恵は即刻退陣せよ！
5	11.26	朴槿恵即刻退陣5次汎国民行動
6	12. 3	朴槿恵大統領退陣促求
7	12. 8	朴槿恵政権に終止符を打つ日
8	12.17	朴槿恵即刻退陣，共犯処罰　積弊清算の日
9	12.24	最後まで行く！　9次汎国民行動　朴槿恵政権即刻退陣，早期弾劾，積弊清算行動の日
10	12.31	送朴迎新
11	2017. 1. 7	朴槿恵は降りよ，セウォル号は揚がれ
12	1.14	即刻退陣，早期弾劾，公職停止　主犯及び財閥総帥拘束，12次汎国民行動の日
13	1.21	降りよ朴槿恵，変えよう〈ヘル朝鮮〉　旧正月ろうそくデモ
14	2. 4	朴槿恵2月弾劾，黄教安辞退，共犯勢力拘束，ろうそく改革実現，14次汎国民行動の日
15	2.11	1千万ろうそくの灯の命令だ！　2月弾劾！　特別検察延長，朴槿恵・黄教安即刻退陣，迅速弾劾のための15次汎国民行動の日
16	2.18	弾劾遅延とんでもない！　朴槿恵・黄教安即刻退陣，特別検察延長，共犯者拘束のための16次汎国民行動の日
17	2.24–25	朴槿恵弾劾拘束，特別検察延長，朴槿恵4年，もう終わりにしよう，2.25全国集中17次汎国民行動の日
18	3. 1	朴槿恵拘束万歳！　弾劾認容万歳！　18次汎国民行動の日
19	3. 4	朴槿恵のいない3月，それでこそ春だ！　憲法裁判所弾劾認容，黄教安退陣！　ろうそくの力で朴槿恵政権のない春を迎えましょう！　19次汎国民行動の日
20	3.11	集おう！　光化門に！　ろうそく勝利のための20次汎国民行動の日

出所：白書チーム『朴槿恵政権退陣ろうそくデモの記録①②』などより作成

り、つまり過半数が造反して賛成票を投じた。朴槿恵とその取り巻きによる排他的な権力運営は国民の怒りを買っただけでなく、権力ブロック内の亀裂をもたらしていた。とはいえ、セヌリ党議員一人一人の造反への決断は容易ではなかったであろう。セヌリ党の造反票は、最大規模となった一二月三日のろうそくデモに背中を押されてのものだったと、禹相虎は後に振り返っている。

(一二月三日のろうそくデモは)余りにも有難くてクンジョル(跪いてするお辞儀)をしたいくらいだった。非朴系を一人一人切り崩すのは国会内での作業だけでは無理があった。青瓦台、国情院、与党の指導部が全方位で引き止め工作にかかっている状況だった。誰々の票は確保したと青瓦台に引っ切り無しに報告があがった……そんなときあのろうそくデモは決定打だった。その後、票の計算に余裕が生まれた。

(『時事イン』(二〇一七年一一月七日号)によるインタビュー)

弾劾訴追案可決によって朴大統領の職務は公式に停止された。翌日にあった七回目のろうそくデモは「祝祭」さながらに弾劾訴追案の可決に沸いた。

「朴槿恵を罷免する」

朴槿恵の大統領職務停止を受け、朴政権下で法務部長官を経て二〇一五年六月に国務総理となっていた黄教安が大統領権限代行を兼任することになった。朴槿恵は一二月一六日、憲法裁判所に提出した弾劾訴追に対する答弁書で「弾劾の理由はない」と開き直った。黄教安も、年末に明らかにした弾劾政局国政運営方針で朴槿恵が進めてきた政策を「一貫性をもって」引き継ぐとして、ＴＨＡＡＤ（戦域高高度地域防衛）の配置、日韓慰安婦問題協議の既定方針通りの推進、さらには歴史教科書の国定化などを押し通した。人事面でも「文化芸術系ブラックリスト」を総括実行したと目されていた人物の文化体育観光部第一次官就任を強行した。弾劾訴追案可決後のろうそくデモでは、朴槿恵の早期弾劾、積弊の清算、財閥総帥やこの黄教安など「共犯勢力処罰」などが掲げられた。

「送朴迎新」を掲げ、極寒のなかで一二月三一日に実施された第一〇回ろうそくデモにはソウルで一〇〇万人余り、地方で一〇万人余りが参加し、一〇月二九日以来のろうそくデモへの参加人数は延べ一〇〇〇万人を超えた。

年が明けて初めてのデモ（第一一回）は一月七日に開催されたが、この日はセウォル号惨事一〇〇〇日を迎える日でもあり、事件の生存者の学生が初めて公の場に立ち、光化門広場の参加者の涙を誘った。一月一四日の第一二回デモは朴槿恵の早期弾劾とともに「工作政治主犯及び財閥総帥拘束」を掲げて実施された。零下一三度という極寒のなかでの集会でさすがに参加者もソウル一三万人、地方で一万六〇〇〇人と減少した。

集会で掲げられた「工作政治」の主犯と目されていたのは、軍事政権の時代から民主化運動への工作政治を主導してきた金淇春元大統領秘書室長であった。国会の特別検察チームは二一日、「ブラックリスト」作成（職権乱用権利行使妨害）容疑でこの金淇春を、趙允旋文化体育観光部長官とともに逮捕した。一方の財閥総帥は、サムスングループの事実上のトップである李在《イジェ》鎔《ヨン》サムスン電子副会長であり、特別検察チームはこの李在鎔に対しても朴槿恵への供賄容疑で逮捕状を請求したが棄却されている。

旧正月（一月二八日）を控えて開催された第一三回集会では、李在鎔への逮捕状請求が棄却されたことへの怒りが渦巻き、極寒にもかかわらずソウルで三二万人、地方で三万人が参加し、「変えよう〈ヘル朝鮮〉*」というスローガンも掲げられた。

*グローバル化の時代に育った韓国の若者たちが直面する激しい競争圧力や就職難などによる生きづらさを揶揄した言葉。

旧正月をはさみ一週あけて開催された二月四日の一四回目の集会以降は、憲法裁判所の弾劾審議の動向が主な焦点となり、その規模も同日四二万人、第一五回集会（一一日）七五万人、第一六回集会（一八日）八四万人、第一七回集会（二四日）一〇七万人と、再び一〇〇万人を超える大規模集会へと拡大した。

憲法裁判所の審議は、一月三日の第一回にはじまって二月二七日の第一七回をもって公式弁論の日程を終え、三月一〇日弾劾審判の宣告が行われることになっていた。三月に入ってろうそく集会は、三・一節の休日に実施された第一八回集会で三〇万人、弾劾審判の宣告を控えた第一九回集会(三月四日)にはソウルで九五万人、地方で一〇万人が参加した。この頃には憲法裁判所付近で弾劾訴追の認容(承認)を求める一人デモや平日夕刻のろうそく集会が連日のように繰り返された。

三月一〇日、憲法裁判所の李貞美《イジョンミ》憲法裁判所所長権限代行は、「朴槿恵を罷免する」として弾劾認容の宣告を下し、韓国の憲政史上初の大統領弾劾が現実のものとなった。翌日、開催された第二〇回集会ではソウルで六五万人、地方で七万人の市民が、当時放送されていたあるドラマのタイトルをもじった「ろうそくの灯を共にしたすべての日が良かった」というスローガンを掲げ、一三〇日余りにわたる長い道のりを締めくくった。

「退陣行動」は、さらに三月二五日にも、朴槿恵の逮捕要求を掲げてろうそくデモを組織し一〇万人が結集した。三一日には、朴槿恵が検察に逮捕された。セウォル号事件三周年を翌日に控えた四月一五日にも二二回目のろうそくデモがもたれ、やはり一〇万人が集まった。さらに四月二九日、二三回目の、文字通り最後のろうそくデモがもたれたが、五月九日に投票日を控えた第19代大統領選挙に国中の耳目が注がれるなかだったこともあり、参加者は五万人にとどまった。

第3節　脱中心の社会運動

親北左派？　規模の過大集計？

韓国の代表的な右派の論客として日本でもよく知られている趙甲済《チョガプチェ》は、ろうそくデモとこれと並行して開かれた「太極旗集会」とを比較しながら、「ろうそくデモが組織的動員であった反面、太極旗集会は非組織的で自発的参与が多かったのが特徴だ」（『ニューデイリ』二〇一七年一月二八日）と語っている。「太極旗集会」とは、ろうそくデモの舞台となった光化門広場から五〇〇メートルほど南に下った徳寿宮前のソウル広場を中心に、二〇一六年一一月一九日～二〇一七年三月四日にかけてやはり毎土曜日に開催されていた極右勢力の集会である。朴槿恵弾劾反対を掲げて趙甲済自身もこれに参加している。集会の規模は主催者発表で一万人から五百万人（ピークの一二月一〇日の人数は主催者発表の二一万三〇〇〇人に対して警察発表では四万人）と信憑性がないが、高齢者を中心に少なくとも数万人規模の集会がろうそくデモと並行して開催されていた。保守言論とともに軍事政権期に権力と結びついて成長したプロテスタントの右派教会を基盤とする勢力である。

　ろうそくデモに対する保守右派の批判は、それが運動圏や民主労組、さらに甚だしくは、「親北左派」勢力による「組織動員」であり、規模も過大に集計されているというものである。しかし、すでに述べたように、第一回から第三回のろうそくデモを呼びかけた「民衆総決起闘争本部」や、その後主催団体となった「退陣行動」にしてもその役割は集会やデモのスケジュール設定などに限られていた。

　一一月二六日の第五回ろうそくデモの参加者二〇五八人を対象に西江大学校現代政治研究所が『ネイル(明日の)新聞』と共同で行った調査によると回答者の八〇パーセントがろうそくデモに参加したきっかけを「ニュースに接して自身で判断した」と答えている。その他も「家族や親友に誘われて」が一四パーセントと、組織動員の痕跡はほとんど見られない。誰と一緒に参加したのかという質問に対しても、五〇パーセントが「友人や職場の同僚」、三二パーセントが「家族」と答えている。ろうそくデモでは、親子連れや、ホンチャムラーという造語で呼ばれた単独の参加者(一三パーセント)が多かったことも特徴であった(李ジホ他『弾劾広場の内と外』)。

　ろうそく集会の参加者を親北や左翼とする指摘もあたっていない。弾劾訴追案が国会で可決された一二月九日付の韓国ギャラップの調査では、一九歳以上の国民の約八割が朴槿恵弾劾を支持していた。韓国政治の保守－進歩という基本的な対立構造のなかで進歩派の支持基盤はおよそ三〇パーセント、せいぜい四〇パーセントであるといわれ、中道や無党派層はもとより、保守層の一部も朴槿恵弾劾を支持していたことがわかる。

西江大学校現代政治研究所の調査でも、二〇一二年一二月の第18代大統領選挙では朴槿恵を支持した有権者の二割近く(一八・一パーセント)がろうそくデモに参加している。進歩・中道・保守の支持党派別の有権者のろうそくデモ参加者の比率は進歩が三九・一パーセント、中道一九・四パーセント、保守一七・三パーセントとなっていて、相当に幅広い層のデモへの参加をうかがうことが出来る(李ジホ他前掲書)。

そもそもろうそく集会やデモの現場では、既存の政党、労組、市民団体のリーダーシップに対する拒否感が漂っていた。参与連帯元事務所長・李泰鎬《イテホ》によれば、党派を代表する政治家や「政治的な発言をする人」は、演説の「舞台に上げないというのが原則」(宇都宮健児『韓国市民運動に学ぶ』)だったとされる。

市民派のリーダーとして知られる朴元淳についても例外ではなかった。未曽有の規模の集会やデモが平和的かつ効果的に果たされるのに、朴元淳がソウル市長として果たした役割は実に大きかった。ソウル市は、光化門広場をろうそく集会に優先的に開放し、デモ参加者の安全や利便のために、職員を配置し、救急車や清掃車を配備し、仮設トイレを設営し、地下鉄の終電を遅らせるなど、ありとあらゆる便宜を図った。ところがそういう朴元淳に対しても演壇に立つと「ヤジが飛び交った」(李泰鎬)という。朴元淳のみならず有力政治家が集会に参加する場合でも、最前列に席を用意し進行役がその参加をアナウンスする程度で、演壇に立つことはなかった。

一方、ろうそくデモの参加者数の規模についても集計方法をめぐる論争が絶えなかった。警察は第九回までで参加者人数の推計を止めている。この九回までについては、主催者側はおよそ九〇〇万人の参加があったとしているのに対して警察発表は一六五万人に過ぎない。警察発表に対する非難が殺到したのを受けて、李哲聖警察庁長が、実際の参加者は「警察の推計人数の三倍あると考えればよい」(『聯合ニュース』二〇一六年一一月一二日)と認めた。つまり警察側の認識でも九回のデモで五〇〇万人近くの参加者があったということになる。

警察発表は、三・三平方メートルに六人という想定に基づいて、いわゆるフェルミ推定で各時点の集結人数の最大値を測る方法をとっているが、主催者側は、集会時間中にわずかな時間でも出入りのあった参加者を合算する延べ人数で計算している。西江大学校現代政治研究所が二〇一六年一二月二六～二八日まで首都圏を対象にした設問調査によると、回答者の三一・六パーセントがろうそくデモに参加したが、そのうち一回のみの参加が五六・四パーセント、二回が二六・五パーセント、三回から四回が一三・五パーセント、五回以上が三・六パーセントとなっており、かなり高い比率が得られている。首都圏の集会参加者の比率を単純に人口比で換算(首都圏有権者数約二〇〇〇万人×三三パーセント)すると六六〇万人余りとなり、二~五回の参加者を延べ数にして合算すると一〇〇〇万人をはるかに超える数値が得られる。いずれにしても労働組合や市民団体の「組織動員」の規模をはるかに超える参加者があったことは疑う余地がない。

マルチチュード

ろうそくデモに参加した市民たちの立場や思いは実にさまざまであった。あえて軸となった運動を指摘するとすれば、やはり、不条理な死への哀悼を内に秘めた人々のそれだった。セウォル号事件の真相究明と政府の責任を追及する遺族と支持者たちはいつもデモの中心にいた。とくに第一一回(二〇一七年一月七日)のろうそくデモはセウォル号の惨事から一〇〇〇日を迎える日でもあり、事件の生存者の学生が演壇に立ち、参加者の涙を誘った。この日のスローガンも「朴槿恵は降りよ(退陣せよ)、セウォル号は揚がれ」であり、まだ海底にあったセウォル号の引き揚げが要求として掲げられた。

二〇一六年九月に亡くなった農民の白南己さんの追悼も、ろうそくデモのハイライトの一つであった。二〇一五年一一月、白南己さんは全農(全国農民組合総連盟)が政府の農産物自由化政策に反対してソウルで開いた農民総決起集会で警察放水車の高圧放水を受けて重傷を負い、一〇カ月余りの昏睡状態の末に他界した。農民たちは白南己さんの遺影を掲げて、トラクターなど農業機械一〇〇〇台余りで各地を発ちソウルに至った。

江南駅一〇番出口女性殺害事件（後述）に怒って連帯経験を蓄積した新世代のフェミニストたちも際立った存在となっていた。こうして軸となった運動以外にも進学や就職をめぐって堪えがたい競争圧力や就職難に苦しむ青少年、年俸制や成果給の導入に反対する労働者、ＬＧＢＴなどの性的マイノリティ、文教部の作成した「ブラックリスト」によって活動に制約を受けた芸能人や文化人たち、教科書の国定化に反対する中高の生徒・教師・父母たち、家族連れ、友達同士、ホンチャムラーなど、それは韓国社会が抱えたありとあらゆる矛盾や不条理を表現していた。

ろうそくデモの多様で脱中心的性格から、韓国ではこれをネグリとハートの〝マルチチュード〟（韓国語では「多衆」）になぞらえる研究者も少なくない。ネグリとハートは、チュニジアやエジプトに始まり、マドリードやアテネなどを経て、ウォール・ストリートに至る「二〇一一年の闘争サイクル」に触れて次のように述べている。

「一連の知識人や著名人がズコッティパーク（ニューヨーク）に現れたが、彼らの誰かをリーダーとみなす者はいなかった。つまり、彼らはマルチチュードに迎えられたゲストだったのだ。

カイロやマドリードからアテネ、そしてニューヨークにかけて、運動はリーダーを立てる代わりに組織化のための水平的なメカニズムを発展させていったのである。それらの運動は、司令部を立ち上げたり、中央委員会を作ったりすることなく、昆虫の群がりのように拡大していった」（『叛逆――マルチチュードの民主主義宣言』）。

ろうそくデモも、まさしくそうした脱中心・脱権威の群がり（swarming）型の運動そのものであり、上で述べたように九〇年代以来、韓国の市民運動のリーダーとしてソウル市長となった朴元淳でさえ、光化門広場では一人の「ゲスト」に過ぎなかった。「ともに行動するあまたの特異性」（ネグリ／ハート『マルチチュード――〈帝国〉時代の戦争と民主主義』）と定義されるように、マルチチュードは、運動参加者一人一人の人格や価値観の個別性（singularities）を踏まえた概念である。マルチチュードを構成する参加者たちは、互いに異質で独立した個人として存在するが、ろうそくデモがそうであったように、いったんことが起これば いつでも一つの巨大な集合体となって政治の領域に圧力を加える。高度なネットワーク社会では、社会運動に身を投じる場合でも、市民団体・政党などの公的組織への帰属意識よりも個人のアイデンティティが重んじられる。一糸乱れぬ動員体制に依存する伝統的な運動方式の時代は去り、柔軟で個人化された集団行動が主な傾向となる。

だが、一方で韓国ではマルチチュードよりも〝市民〟もしくは〝国民〟という、オーソドックスな主体概念を前提に、ろうそくデモを特徴づける議論も依然として根強い。メディア研究者の金ハッチュンは、ろうそくデモは「体制の構造的変革を要求するよりも体制が約束した法と秩序を遵守せよという本質的に保守的な集会」であるとする（「ビッグデータを通じてみたろうそくデモの民意」）。韓国では社会思想の大家といわれる文学者の白楽晴《ペクナクチョン》も、「ろうそく集会」を「「分断」という特殊状況を考慮して運用されてきた「裏面憲法」*から、現行憲法に明示されている民主共和国の背骨を守るために主権者たちが立ち上がった護憲運動である」（「ろうそくデモの新しい国づくりと南北関係」）と意味づけている。ろうそくデモの過程で、「大韓民国の主権者は国民」という憲法第一条第二項の条文が繰り返し叫ばれたのも、そうしたろうそくデモの〝護憲運動〟的性格を物語っているのかもしれない。

＊韓国では憲法の存在にもかかわらず分断体制下で反共・反北朝鮮の論理が圧倒し、憲法や法律は守らなくてもかまわないといった慣行が作動してきた。白楽晴はこれを成文憲法の背後に作動した「裏面憲法」と呼ぶ。

だが、これまで述べてきたように、ろうそくデモの参加者の要求は実に多様であり、「体制が約束した法と秩序」や白楽晴の言う「護憲運動」にとうてい解消しうるものではない。ろうそくデモでは、環境（原発や米軍基地批判）やエスニシティ（多文化主義）、さらにジェンダーなどに関連して既存の制度的枠組みを超えるラディカルな主張がみられた。そこでは、自明視されてきた日常の慣習を問い直し、〝公正〟や〝正義〟への、保守・進歩の二分法を超えた新しい価値への衝動がみられた。つまり、脱中心という運動のスタイルのみならず、運動の内実という面でそれまでにない新しさを含んでいたといえる。とりわけ、フェミニズムにまつわる多様な声が、ときには他の参加者たちと摩擦や亀裂を起こしながら、ろうそくデモの現場に響き渡った。

フェミニストの弔いと挑戦

二〇一六年五月、ソウルの地下鉄江南駅一〇番出口付近の男女共用の公衆トイレで、二〇代の女性が見ず知らずの男に無残にも殺害されるという事件が起きた。警察やメディアはこの事件を統合失調症患者による通り魔殺人と見なしたが、女性の多くは韓国社会に根深い女性嫌悪(misogyny)による殺人であり、日常の中でいつでもわが身に降りかかりうる出来事だと見なした。事件後、この他人ごとではない出来事をめぐる追悼と女性嫌悪批判の動きが広がった。SNSで「一輪の菊の花とメモ一枚をもって被害者を追悼しよう」という呼びかけが広がり、江南駅の出口周辺は何千枚ものポストイットと花や人形で埋め尽くされた。

江南駅殺人事件の犠牲者への追悼と怒りはSNSを通じて全国に拡大し、富川、水源、光州、大田、大邱など全国の主要都市に追悼空間が設置されて、全国の「三万五三五〇のポストイットが女性嫌悪に対する集団的覚醒」(李娜榮編『誰が女性を殺すのか』)を表した。

一方、こうして若い女性たちの怒りと追悼の波が高まった七月二八日、四〇〇人余りの女子学生が梨花女子大本館で籠城を始めた。「未来ライフ学部」という、当時、韓国教育部が後押していた成人教育のための新学部設置と、これを独断専行で推し進めようとしていた崔慶姫《チェギョンヒ》梨花女子大総長に抗議しての籠城だった。これに対してなんと二一個中隊(一六〇〇人)の警察官が投入され、学生たちを本館から排除するという騒ぎとなった。警察の介入は、学生の抗議に油を注いでその目標も総長辞任を求めるものに変わった。

籠城は新学期の始まる九月になってもつづいた。籠城の長期化への懸念や疲労感も見え始める。「梨花コミュニティ」の学閥主義や特権意識を非難する論調もあらわれた。籠城学生たちは、「総学生会」など既存の学生運動組織とも一線を画していた。学生運動が社会変革の原動力となった一九八〇年代には、各大学をネットワークで結ぶ「総学生会」が運動をリードした。ところが、「梨花の乱」は、新学部の設立に反発する在学生と卒業生の一人一人がＳＮＳを通して大学本館に集結したことに始まっていた。逆に総学生会は、籠城学生の総意で早い時期に排除されていた。籠城学生の間では総学生会＝運動圏というイメージが強く、「運動圏など政治勢力が介入し、指導部が生まれれば、残りの多数は受け身になり引き回されるばかりだ」(チョン・ソニョン「梨花女子大本館占拠籠城組織者の外部勢力、運動圏排除をどのようにみるか」)との警戒感もあった。

籠城が始まって丸二カ月が経とうとしていた九月二六日、すでに述べたように『ハンギョレ』が崔順実の娘（鄭ユラ）の梨花女子大への特恵疑惑を報じた。籠城学生は再び活気づいて支持の輪も拡大した。鄭ユラの特恵疑惑追及の声は国会にも波及し、教育部の特別監査要求や梨大への野党議員による立ち入り調査などが相次いだ。

一〇月一九日、崔総長はついに辞任を発表し、二一日、学生たちは籠城開始から八六日目にしてようやくこれを解いた。二五日には、JTBCによる崔順実のタブレットPCの報道があり、二九日、光化門広場で、朴槿恵退陣を求める第一回のろうそくデモがあった。「梨花の乱」で蓄えられた学生たちのエネルギーも、このろうそくデモの巨大なうねりに合流していく。

若いフェミニストたちは、ろうそくデモの現場でも告発を止めなかった。正義や社会的公正を掲げるろうそくデモの現場でも、セクハラまがいの言動が少なからず飛び交った。朴槿恵を「ビョンシン（병신）*・アマ」、「このアマ」などと攻撃し、障碍者や女性を卑下する表現のスローガンも乱れ飛んだ。こうしたスローガンや看板に対するフェミニストの抗議に対して「フェミ・ナチ」、「親朴フェミ」との反撃も聞かれた（金洪ミリ「ろうそく広場と積弊の女性化」）。

＊漢字で「病身」、心身の障碍者を指す言葉だが、人を面罵する際の蔑みの表現として用いられる。

こうしたなかで急進的なフェミニストグループは、光化門広場に〈フェミゾーン〉を設け、

「朴槿恵下野を実現する女性主義者行動（朴下女行）」というグループに結集した。このグループはろうそく集会やデモの現場で起きる女性嫌悪の発言をモニタリングし、これを阻止するために持続的に介入した。

〈フェミゾーン〉は、一一月一二日にSNSを通じて集まった三〇人余りに始まり、一二月一〇日のろうそく集会では七種類ほどの旗と一〇〇人余りの市民で埋まったという。一一月二六日には「朴槿恵退陣を超えて、別の世の中に向かうフェミニスト時局宣言」を「朴下女行」など三〇余りの団体（「江南駅一〇番出口」「社会進歩連帯」「ソウル障碍者差別撤廃連帯」「火花フェミアクション」「性的マイノリティ文化人権連帯」「障碍者等級制・扶養義務制廃止共同行動」「障碍女性共感」「正義党女性主義者の集い——Just' Feminist」「正義党梨花女子大学生委員会」「韓国ゲイ人権運動団体チングサイ」「漢陽大学校反性暴力反性差別の集い〈ウォルダム〉」など）が共同して発表している。その団体名から実に多様な人権運動グループが参加したことがうかがえる。

もちろん、こうしたフェミニストたちの取り組みは、ろうそくデモの支配的イシューとして登場したわけではない。だがそれは、二〇一八年のMeToo運動の爆発的な高揚に見られるように、そのショッキングな発信や価値観によってポストろうそく革命の韓国社会のなかで際立ったインパクトを及ぼした。さらにそれは、ろうそく革命を継承して生まれる新政権の歩みにも思わぬ亀裂を生じさせることになる。

第3章

文在寅政権の誕生

——政治社会の革新

5.18 民主化運動記念式の後，犠牲者の墓前で遺族に声を掛ける文在寅大統領(2017 年 5 月 18 日，共同)

第1節　第19代大統領選挙

五人の候補

韓国憲法第六八条第二項は「大統領が空席となったとき、または、大統領当選者が死亡もしくは判決その他の理由でその資格を喪失したときには六〇日以内に後任者を選挙する」としている。この規定に基づいて第19代大統領選挙は、憲法裁判所の朴槿恵罷免宣告からちょうど六〇日目にあたる二〇一七年五月九日に実施されることになった。

各政党の予備選挙などを経て一三人の候補が名乗りをあげたが、事実上五人の候補が競い合う選挙となった。民主化以後の韓国の大統領選挙は、盧泰愚・金大中・金泳三・金鍾泌が競い合った一回目の第13代大統領選挙を除けば、事実上進歩対保守の一騎打ちの形でたたかわれてきた。第19代選挙では五人の候補が投票日まで完走し、その得票数は、ろうそく革命を経て間もない頃の韓国政治の勢力配置や勢力関係を知るうえでも重要な意味をもった。

「共に民主党」は、文在寅、後に京畿道知事となる李在明《イジェミョン》、そして忠清南道知事の安熙正《アンヒジョン》の三者が有力候補として党内の予備選挙を争った。湖南、忠清、嶺南、首都圏と各地をめぐって実施された予備選挙の結果、総合で五七パーセントの票を獲得した文在寅が、他の二候補（李在明が二一・二パーセント、安熙正が二一・五パーセント）を圧倒して候補に選出された。文在寅は、「ろうそく革命の完成」のための積弊の清算や、「所得主導戦略」として定式化される「経済民主化」などをかかげた「四大ビジョン、十二大約束」を公約として掲げて大統領選に臨んだ。

進歩勢力の圧倒的優位が予測される中で、親盧派との確執を経て新党（「国民の党」）を立ち上げていた中道・旧民主（湖南）の勢力は、予備選挙で七五パーセントという圧倒的な支持を得た安哲秀を候補として擁立した。安哲秀は、選挙戦の序盤では中道や保守の有権者にウイングを拡げて、世論調査で選挙期間中ほぼトップの座にあった文在寅に迫り、一時期は支持率が逆転する局面もあった。しかし、四月一九日から六回にわたって放映された五人の候補者のＴＶ討論で安哲秀の発言や応答がやや拙劣であったうえに、中道という立ち位置の曖昧さも祟って、けっきょく支持率の劣勢を最後まで挽回することができなかった。

親朴勢力の目を覆うばかりの失墜によって保守派も分裂を免れなかった。すでに述べたように朴大統領の弾劾訴追案の可否投票ではセヌリ党議員からも半数以上が賛成票を投じ、党の分裂が明らかとなった。弾劾に賛成票を投じた劉《ユ》承旼《スンミン》や金《キム》武《ム》星《ソン》ら非朴派議員は、朴槿恵・崔順実ゲートをめぐる親朴派議員の責任を追及したが、党内多数派の親朴派の主導権は揺らがなかった。けっきょく、セヌリ党は、二月、党名を「自由韓国党」と変えることで生き残りをはかり、慶尚南道知事の洪準杓を大統領候補に擁立した。

非朴派議員はこれと袂を分かち、新たに「正しい政党」を結党して劉承旼を大統領候補に擁立した。当初三三人の議員が正しい政党に加わったが、選挙戦の終盤で一三人が離党して洪準杓支持に回った。正しい政党は解党の危機に直面したが、劉承旼は「合理的保守」を旗印に選挙戦を完走した。

選挙戦終盤には進歩派の大政党に合流することの多かった左翼政党（正義党）の沈相奵もこの第19代選挙では立候補を最後まで取り下げなかった。TV討論は、少数政党の正義党の存在を全国にアピールする格好の機会であり、沈は、ときに柔軟でときに舌鋒鋭い、卓越したディベートでその機会をフルに活かした。

湖南の攻略

選挙戦の結果は、表4の通り文在寅が二位の洪準杓に圧倒的な差をつけて当選を果たした。ろうそくデモや大統領の弾劾という劇的な展開から八〇パーセントを超える投票率が期待されたが、結果的に七七・二パーセントにとどまった。それでも前回（第18代選挙）の七五・八パーセントを上回り、二〇〇〇年代に入って実施された大統領選挙のなかでは最も高い。

表4　第19代大統領選挙の結果

		文在寅	洪準杓	安哲秀	劉承旼	沈相灯
全国得票(単位：万)		1342	785	700	221	202
全国得票率(%)		41.08	24.03	21.41	6.76	6.17
首都圏	ソウル特別市	42.34	20.78	22.72	7.26	6.47
	仁川広域市	41.20	20.91	23.65	6.54	7.16
	京畿道	42.08	20.75	22.91	6.84	6.92
忠清圏	大田広域市	42.93	20.30	23.21	6.34	6.75
	世宗特別自治市	51.08	15.24	21.02	6.03	6.14
	忠清南道	38.62	24.84	23.51	5.55	6.79
	忠清北道	38.61	26.32	21.78	5.90	6.70
湖南圏	光州広域市	61.14	1.55	30.08	2.18	4.57
	全羅南道	59.87	2.45	30.68	2.09	4.01
	全羅北道	64.84	3.34	23.76	2.56	4.93
	江原道	34.16	29.97	21.75	6.86	6.56
嶺南圏	釜山広域市	38.71	31.98	16.82	7.21	4.85
	蔚山広域市	38.14	27.46	17.33	8.13	8.38
	大邱広域市	21.76	45.36	14.97	12.60	4.72
	慶尚南道	36.73	37.24	13.39	6.71	5.32
	慶尚北道	21.73	48.62	14.92	8.75	5.17
	済州特別自治道	48.51	18.27	20.90	0.61	8.51

出所：韓国選挙管理中央委員会

文在寅の得票は過半数に及ばなかったが、政権交代という共通の目標を掲げた安や沈の票も合わせると七〇パーセント近い票となっている。洪は、終始「親北左派」政権樹立阻止を叫んで保守の結集をはかったが、保守のコンクリート支持層と言われる三〇パーセント台も確保できていなかった。文と洪の票差は五五七万票で、それまで最大であった、二〇〇七年の李明博・鄭東泳《チョンドンヨン》の争った第17

代大統領選挙の票差（五三〇万票）を更新した。テレビ討論での弁舌やキャラクターで魅力を発揮したのは少数政党の候補の劉と沈だったが、結果的には両候補とも六パーセント台の得票率にとどまった。沈は、悲願の二桁得票率も見込まれたが、文の陣営が選挙戦終盤で、保守・右翼が結集し思いのほか善戦しそうであるという危機感からいわゆる「死票説」を強調し、正義党の支持層を圧迫した。選挙後一部の民主党議員が自身のフェイスブックでこれを認めて正義党に謝罪するという一幕もあった（『毎日経済』二〇一七年五月一二日）。

　選挙のたびに注目される地域別の得票では、保守の支持基盤となる嶺南（釜山・蔚山・大邱・慶尚南北道）地域で地域主義に翳りがみられる。嶺南・湖南（光州・全羅南北道）の対立として特徴づけられる韓国有権者の地域主義的投票行動を、共に民主党、国民の党、正義党の進歩三政党と、自由韓国党、正しい政党の保守二政党との競合という観点からみると、湖南では三地域すべてで前者が九〇パーセント以上の支持を獲得し、湖南地域の進歩派への支持が依然として根強いことを示した。一方の嶺南でも、進歩勢力が釜山・蔚山・慶南で過半数、保守の牙城ともいえる大邱・慶北でも四〇パーセント余りを得ていて、全体に保守の地盤沈下の激しさを示すものとなった。

　二〇一六年の総選挙では、旧民主（湖南）・中道の連合勢力としての国民の党が、湖南地域の全羅南北道・光州の圧倒的な支持を得て議席を伸ばした（第1章第3節）。朴智元《パクチウォン》、鄭東泳などの湖南の顔ともいえる有力議員が親盧派と袂を分かち、国民の党に合流していたのに加えて、親盧勢力＝ＰＫ（釜山・慶尚南道）とする言説も湖南有権者の文在寅離れをもたらしていた。だが第19代大統領選挙では文在寅が湖南票の六割を固め、支持の回復に成功したことがうかがえる。金大中の三男の金弘傑《キムホンゴル》などが文の選挙キャンプに加わって「金大中精神と盧武鉉精神の統合」を訴えたことが功を奏したともいわれる。

親盧覇権主義

第19代大統領選挙で地域別の得票以上に目立ったのが、「世代間葛藤」といわれるほどの世代間の支持候補の違いであった。表５は、テレビ地上波三社（ＫＢＳ・ＭＢＣ・ＳＢＳ）による出口調査の結果である。

六〇代以上で文の投票率が低いのはさておき、問題は前回の大統領選挙同様、やはり五〇代であった。五〇代は、有権者に占めるこの世代の比率が二〇・二パーセントで四〇代（二一・一パーセント）に次いで高いうえに、いわゆる「運動圏」世代中心の改革的マインドのつよい世代でもある。文は、朴槿恵と争った二〇一三年の大統領選挙でも二〇～四〇代で朴を圧倒しながら、五〇代で朴の六二・五パーセントに対して三七・四パーセントしか得られず、これが重大な敗因となった。すでに述べたように、五〇代の多くが親盧派の党派的で覇権主義的な体質をきらっ

表５　第19代大統領選挙の世代別得票率（％）

	文在寅	洪準杓	安哲秀	劉承旼	沈相灯
70代以上	22.3	50.9	27.7	2.6	0.9
60代	24.5	45.8	23.5	4.1	1.6
50代	36.9	26.8	25.4	5.9	4.5
40代	52.4	11.5	22.2	6.9	7.0
30代	56.9	8.6	18.0	8.9	7.6
20代	47.6	8.2	17.9	13.2	12.7

注：20代は19歳を含む．
出所：『ハンギョレ』2017年5月11日

て朴槿恵に投票したとされている。第19代大統領選挙でも文在寅への支持が三七パーセントと振るわなかったのも、親盧覇権主義のイメージが依然として拭い去られていないことを物語っている。

盧武鉉が大統領となった頃に出発し、ウリ党の結成とその挫折、盧武鉉の死と親盧勢力の復活、党内の熾烈な派閥抗争といった波乱に満ちた歳月をくぐり抜けて、文在寅の周囲にはおよそ一五ないし二〇人ほどからなる、きわめて固く結ばれた政治家集団が生まれていた。このグループは、ときに文在寅を支える「護衛武士団」（『時事ジャーナル』二〇一六年一月一三日）などと揶揄されることも少なくなかった。「3チョル」と呼ばれた、李浩哲《イホチョル》（元青瓦台民情首席）、楊正哲《ヤンジョンチョル》（元青瓦台広報企画秘書官）、全海澈◇（元青瓦台民情首席）をはじめ、盧英敏《ノヨンミン》（文政権の秘書室長）、都鍾煥《トジョンファン》（元民主党戦略公薦委員長）、金慶洙《キムギョンス》（慶尚南道知事）、朴南春《パクナムチュン》（仁川広域市長）、崔敏姫《チェミニ》（元民主統合党最高委員）、金玄《キムヒョン》（元青瓦台春秋館長）、*尹建永《ユンゴンヨン》（元青瓦台政務企画秘書官）など、親盧派の核心集団として現在でもその名が挙げられている。

＊大統領府内の建物で、報道関係者が常駐するプレスセンター。

「護衛武士団」の存在は、「文在寅大統領」づくりの強力な原動力となる一方、保守派にとって絶好の批判材料となっただけではなく、進歩勢力内部にもさまざまな亀裂や禍根を生んできた。ろうそくデモという広範な市民の支持を背景に生まれた新政権が、狭い党派的な利害を超えた幅広い統合と疎通（コミュニケーション）をいかに演出していけるのか――そのことが新政権の課題としてまず問われることになった。

第2節　変革期の政治社会

新政権の陣容

韓国には大統領職引き継ぎ委員会制度があり、新大統領の当選後二週間以内にこれを組織して二カ月余りにわたって前政権からの引き継ぎや、政権担当に向けた人事と政策にかかわる準備を進めることになっている。だが、前大統領が罷免されたことによる欠員選挙で大統領となった場合はこれが適用されず、大統領に選出されたその瞬間から任期が始まることになっていた。

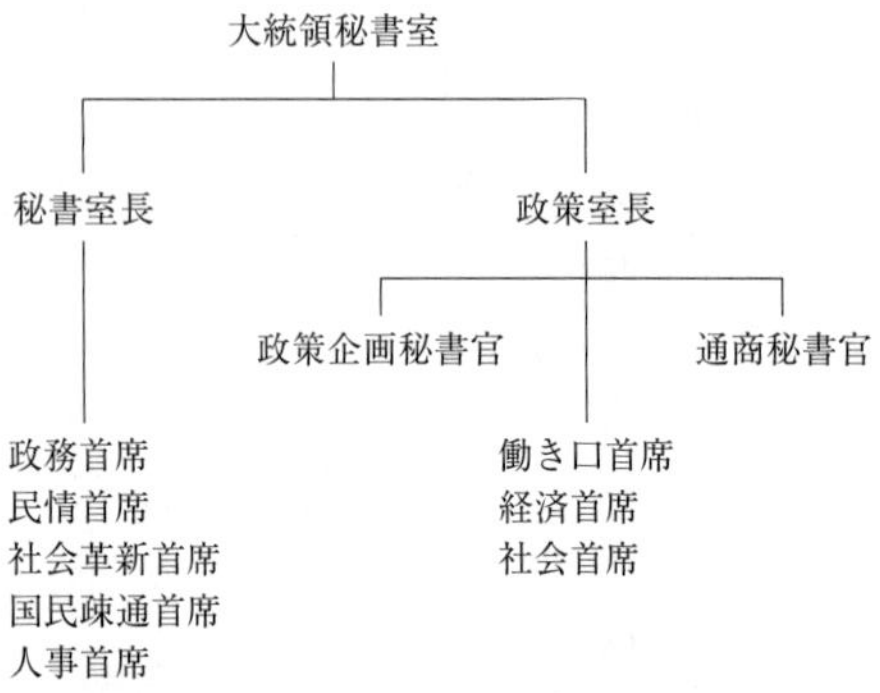

図２　文在寅政権大統領秘書室組織図

そんなかでさしあたり急を要するのは、行政の空白を埋める人事であった。文在寅は五月一〇日に就任して一週間余りで青瓦台の主要人事を固めなければならなかった。「親盧覇権主義」言説をつよく意識してか、大統領室長や秘書官などの主要人事では選挙戦での功労者ともいえる側近たちは退けられ、他派閥や専門家を大胆に登用する人事となった。

要《かなめ》となる大統領秘書室を、図2の通り、秘書室長と政策室長(両者とも長官級)の二室長体制に改編し、秘書室長には任鍾晳《イムジョンソク》、政策室長には張夏成《チャンハソン》が任命された。前者は、すでに述べたように三八六世代の学生運動出身ではあったが、二〇一四〜一五年にソウル市政の政務副市長を務めた経歴から朴元淳人脈と目されていた。後者は、高麗大学校経営大学院教授で安哲秀候補の政策メンターと目された人物である。

青瓦台代弁人(報道官)に任命された朴洙賢は、大統領予備選挙で安熙正のキャンプに加わった人物であった。通常は検察出身者が就き、朴槿恵時代には、検察権力をコントロールして国政権壟断の温床ともなった民情首席には、ソウル大学校ロースクール教授の曺國《チョグク》が任命され、第一期の青瓦台人事では最も注目される人事となった。

内政の要となる国務総理に指名されたのは、東亜日報の記者出身で全羅南道知事を務めていた李洛淵《イナギョン》であった。李は、ウリ党の結党には参加しなかったが、盧武鉉弾劾に反対したウリ党以外の議員二人のうちの一人であった。湖南出身でもあり、文在寅が人事の原則として掲げた「不偏不党、統合、和合」を象徴する人物でもあった。外交部長官となった康京和《カンギョンファ》は、潘基文《パンギムン》国連事務総長のもとで事務総長政策特別補佐官を務めていた人物であった。文在寅政権第一期の長官級(閣僚級)一九人の人事では、女性はこの康京和をはじめ最終的に六人(他に環境部、雇用労働部、女性家族部、国土交通部、国家報勲処長)が就任し、目標としていた三〇パーセントを超えた。

安保ラインの人事では、青瓦台で秘書室長とともにツートップをなすといわれる国家安保室長に、外交官僚出身でウリ党の比例代表として政界に入った重鎮の鄭義溶《チョンウィヨン》がついた。選挙介入や民間査察が明らかになって抜本的改革が求められた国情院長官には、同院出身で金大中・盧武鉉政権期の南北首脳会談の事前工作や国情院改革の実績のある徐薫《ソフン》が任命された。

経済政策の司令塔となる経済副総理兼企画財政部長官に任命された金東兗《キムドンヨン》は、一九八〇年代の軍事政権の時代から保守・進歩の両政権の経済関連部署で要職を歴任してきた経済テクノクラートであった。国務調整室長に任命された洪楠基も、保守・進歩の両政権で財政関連の要職を務めた保守的な均衡財政論者の経済テクノクラートであった（後に経済副総理兼企画財政部長官に就任した）。

経済・財政政策に関連して進歩政権の特色が示された人事として挙げられるのは、財閥改革・経済民主化のエースとして公正取引委員長に任命された金尚組《キムサンジョ》である。金は、参与連帯経済改革センター所長を経て経済改革連帯代表として活動し、市民運動の立場から「少額株主運動」など大財閥の監視と改革に取り組んできた人物で、後に大統領秘書室の政策室長に就任している。

「3チョル」ほか文在寅の側近グループは、尹建永が国政状況室長に就任した程度で、ほとんどが閣外にとどまった。全海澈議員は、他の親文系の議員とも話し合って「第一期内閣には参加を控える」ことにしたといわれる（『中央日報』二〇一七年五月一五日）。李浩哲は、文在寅大統領が就任した五月一〇日、「政権交代は成し遂げられた。私がなすべきことは終わったようだ」と述べ、「自由を求めて」国外に出た。楊正哲も「私が新政権の重荷になってはいけない」と述べて旅立った。後に秘書室長となる盧英敏も中国大使として政務の第一線からは退いた。

徹底して党派色を排して専門性を重視した人事は高い支持を得たが、政権の滑り出しは必ずしも順調だったわけではない。人事をめぐる国会聴聞会や追加経済予算（追経、日本でいう補正

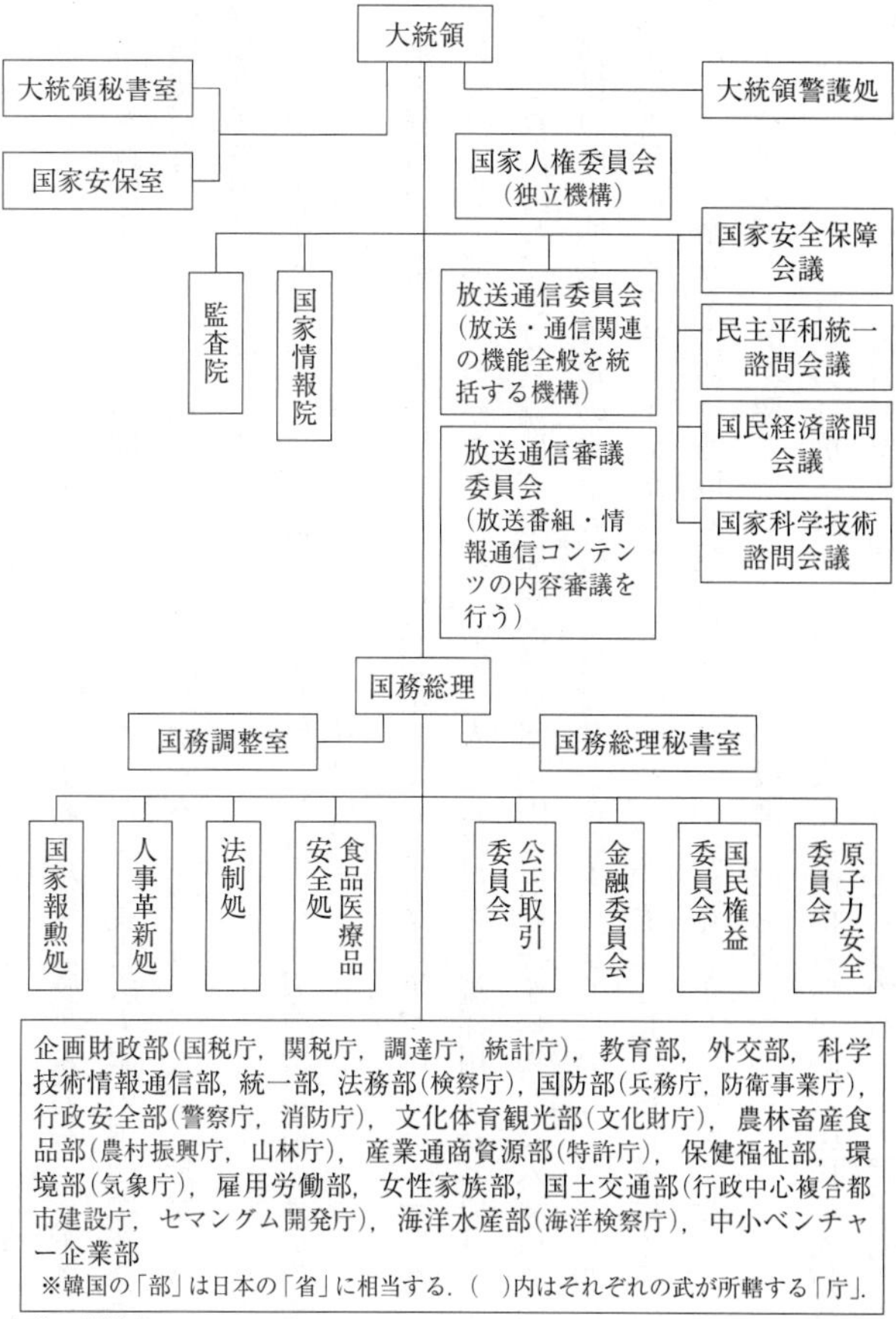
大統領
大統領秘書室
国家安保室
大統領警護処
国家人権委員会
(独立機構)
国家安全保障会議
監査院
国家情報院
放送通信委員会
(放送・通信関連の機能全般を統括する機構)
民主平和統一諮問会議
国民経済諮問会議
放送通信審議委員会
(放送番組・情報通信コンテンツの内容審議を行う)
国家科学技術諮問会議
国務総理
国務調整室
国務総理秘書室
国家報勲処
人事革新処
法制処
食品医療品安全処
公正取引委員会
金融委員会
国民権益委員会
原子力安全委員会
企画財政部(国税庁,関税庁,調達庁,統計庁),教育部,外交部,科学技術情報通信部,統一部,法務部(検察庁),国防部(兵務庁,防衛事業庁),行政安全部(警察庁,消防庁),文化体育観光部(文化財庁),農林畜産食品部(農村振興庁,山林庁),産業通商資源部(特許庁),保健福祉部,環境部(気象庁),雇用労働部,女性家族部,国土交通部(行政中心複合都市建設庁,セマングム開発庁),海洋水産部(海洋検察庁),中小ベンチャー企業部
※韓国の「部」は日本の「省」に相当する.( )内はそれぞれの武が所轄する「庁」.
出所：内閣府ホームページ

図３　韓国の政府組織

予算)案で国会がしばらく空転するなどの波乱があった。文在寅は大統領選挙での公約で高位公職者の人選にあたっては五大不正(兵役不正、不動産投機、脱税、偽装転入*、論文剽窃)の経歴のある者を排除するという原則を打ち出していた。だが、長官級人事の国会聴聞会で不動産投機や偽装転入、あるいは飲酒運転などの前歴が明るみに出された二人が、野党の激しい反発にあって就任辞退にまで追い込まれている。

*不動産購入や学校入学が居住地によって制限される場合に、実際の居住地とは別の場所に住所を移して登録し、住んでいるかのように見せかける行為。

追加経済予算案は、青年層でとくに深刻化している失業対策を中心に、一一兆二〇〇〇億ウォンを投入して消防・警察など一万二〇〇〇人の公務員を新規採用するという大胆なものである。これに対して野党三党は、追加経済予算案が国家財政法を無視した人気取りの政策であり、公務員の採用拡大も青年の失業の解消には寄与しないとつよく反発し、三七日間にわたって審議を拒否した。ろうそく革命があったにもかかわらず、依然として親朴議員主導の保守右派政党が三分の一余りを占めて陣取る議会にあって、国民の党、正しい政党、正義党の少数政党がキャスティングボートを握るという特徴がこの段階で明らかになった。

だが、こうした野党の抵抗にもかかわらず、文在寅政権の発足時の国民の支持率はきわめて高かった。表6は、韓国ギャラップの調査結果を示したものであるが、就任間もない時期のボ

表6　文在寅政権支持率推移(%)

	6月 第1週	第2週	第3週	第4週	第5週	7月 第1週	第2週
支持	84	82	83	79	80	83	80
不支持	7	10	10	14	13	9	12

出所：韓国ギャラップ

ーナス票を考慮したとしても極めて高い。二〇一七年七月第二週の調査は、一一〜一三日に一〇〇四人を対象に聞いたものであるが、この調査で支持の理由としてあげられた一八項目のうち最も高かったのは「疎通や、国民の共感を得るための努力」と「外交」であった(二項目とも一七パーセント)。この間の、脱権威的で開かれた政権運営のスタイルが前政権との対比で際立っていることや、六月の米国訪問や七月のドイツでのG20サミットなど国際舞台での交渉力が有権者の高い評価を得たものと分析された。

ちなみに六月第一週の八四パーセントという支持率は、歴代の大統領がやはり就任時に得た支持率の最高値(金泳三の八三パーセント、金大中の七一パーセント、盧武鉉の六〇パーセント、李明博の五二パーセント、朴槿恵の六〇パーセント)を上回って過去最高を記録した。

積弊の清算

高い支持率は、李明博・朴槿恵政権期の積もり積もった不正義の清算、つまり「積弊の清算」への新政権に対する期待をも物語っていた。積弊の清算は、ろうそく革命から生まれた文在寅政権の公約のいわば一丁目一番地であった。二〇一七年五月一六日、事実上、大統領職引き継ぎ委員会の役割を果たす国政企画諮問委員会が設置された。諮問委員会は二カ月余りの活動を経て、文政権五年の間に果たすべき「一〇〇大国政課題」を発表するが、その筆頭に挙げられたのもこの積弊の清算であった。その間、朴槿恵をはじめとして一部元閣僚も含む側近グループ、崔順実など「秘線実勢」、国情院などの権力機構、サムスン電子の李《イ》在鎔《ジェヨン》副会長など財閥経営陣、大学を含む教育・医療界のエリートなど、「朴槿恵・崔順実ゲート」の主役・脇役たちが検察の捜査の対象となった。二〇一八年二月までに逮捕者は前大統領をはじめとする閣僚及び次官級（一一名）を含む六〇人近くに達し、起訴は一一〇人に及んだ。

憲法裁判所で罷免の宣告を受けた朴槿恵は、ソウル中央地検に二〇一七年三月三一日逮捕され、四月一七日に起訴された。検察が公訴事実として挙げた嫌疑は、高位の公職者に適用される「特別犯罪加重処罰等に関する収賄」容疑をはじめ一八件にも及んだ。サムスンの李在鎔副会長から七七〇億ウォン余り、ロッテグループから七〇億ウォン、ＳＫグループから八九億ウォンの賄賂、さらに文化芸能界のブラックリスト作成をはじめとして九つの事案での職権乱用など、これらの凄まじいまでの公訴事実から、権力の頂点にあって「権力の私物化を当前のように見なしていた権力中毒者」（康俊晩『朴槿恵　権力中毒』）の赤裸々な実態が浮かびあがる。二〇一八年四月に下された第一審判決では、検察の挙げた一八の嫌疑のうち一六について有罪が認定され、懲役二四年、罰金一八〇億ウォンが宣告された。裁判はその後、高等法院→大法院の破棄差戻判決→高等法院→大法院での再上告審と二〇二〇年一〇月現在のいまも審議が続いている。

共犯とされた崔順実については、懲役二〇年が宣告された二〇一八年の高等法院の判決を経て、二〇年六月の大法院の判決で懲役一八年、罰金二〇〇億ウォンの判決が確定した。朴槿恵・崔順実ゲートに関与した政府関係者も次々と法廷に立たされた。経済首席秘書官の安鍾範《アンジョンボム》がサムスンなど経済界からの収賄のパイプ役となったことやセウォル号特別調査委員会の調査妨害などの罪に問われて懲役六年、大統領府秘書官として国情院の特殊活動費を朴槿恵に上納した鄭虎星《チョンホソン》が懲役一年六カ月、秘書室長として裁判では主として文化芸能界ブラックリストの作成が問われた金淇春が懲役四年、文化体育観光部長官で同じくブラックリスト作りを共謀した趙允旋《チョユンソン》が懲役二年に処されている。さらに「梨花の乱」で学生たちと対立した梨花女子大総長の崔京姫《チェギョンヒ》も鄭ユラを不正入学させた罪で懲役二年の刑が確定した。

李明博政権時代の積弊も摘発された。二〇一七年一一月、金寛鎮《キムグァンジン》元国防相が李明博政権時代に韓国軍サイバー司令部に対して、インターネット上に与党に有利な書き込みをするように指示した容疑で逮捕された。二〇一二年の大統領選挙時のインターネットによる選挙介入の容疑で裁判が続いていた元世勲元国情院長も、一一月、懲役四年の確定判決を受けている。朴槿恵

表7　2017年中に稼働した主なタスク・フォース

機関	積弊清算TF推進状況	
国情院	6月19日　国情院改革発展委員会傘下に積弊清算TF発足	2012年大統領選挙における書き込み事件など7大国情院政治介入の調査
統一部	7月〜8月　朴政権政策評価TF運営	開城工団中断など前政府の対北政策検証
外交部	7月31日　慰安婦検討TF発足	2015年末の日韓慰安婦合意のプロセスと内容の検討
文化体育観光部	7月31日　ブラックリスト調査委発足	ブラックリストの真相調査，再発防止のための制度改善
法務部	8月9日　法務部・検察改革委発足	法務部の脱検察化，検察改革，前官礼遇根絶など
雇用部	11月1日　雇用労働改革委発足	全教組や全国公務員労組の法外労組処分など労働行政の検証
教育部	9月25日　歴史教科書国定化真相調査委発足	教科書国定化過程での国情院などによる世論操作などを検証
国防部	9月7日　サイバー司令部書き込み事件再調査TF 9月14日　軍積弊清算委発足	2012年大統領選挙時の書き込みによる選挙介入調査

時代の二人の国情院長（南在俊《ナムジェジュン》、李丙《イビョン》琪《ギ》）も国情院の特殊活動費四〇億ウォンを朴槿恵に不法に上納した嫌疑で逮捕されている。このうち李丙琪は、二〇一八年になってセウォル号特別調査委員会の立ち上げや活動を妨害した嫌疑で追起訴された。

　前述の一〇〇大国政課題は、積弊清算の最重要課題として「部署別タスク・フォースを構成し、国政壟断の実態分析及び起訴された事件の公訴維持」を徹底的に進めるとされ、これによって二〇一七年中に政府の二九部署で三九のタスク・フォースが稼働した。表7は、二〇一七年中に稼働した主なタスク・フォースをリストに纏めたものである。

李明博を追い詰めた対抗言論

二〇一八年に入ると李明博が積弊の対象として浮上した。三月、検察は、総額約一一〇億ウォンの収賄をはじめ横領、背任、職権乱用など二〇を超える容疑で逮捕した。李明博は自身が親族名義で所有する自動車部品会社のDAS（Daebu Automotive Seat）を秘密資金づくりに利用し、総額約三四九億ウォンを横領したとされた。さらに同社の米国での訴訟費用約六七億七〇〇〇万ウォンをサムスングループに負担させ、見返りに不正資金事件で背任罪が確定していた李健熙会長を特別赦免するなどの便宜をはかったとされる。

李明博の不正追及に重要な役割を果したのが朱ジヌや崔承浩《チェスンホ》など李明博・朴槿恵政権期を通して権力の不正や言論への政治介入を暴いた、いわゆる「対抗言論」の記者たちである。

朱は、二〇〇七年の『時事ジャーナル』事件*を契機に立ち上げられた対抗言論『時事イン』の記者として、投資コンサルタント会社BBKの株価操作疑惑の取材から李明博の犯罪を一〇年以上にわたって追及しつづけてきた。その執拗な取材ぶりから「悪魔記者」の異名をもつ。

＊サムスングループに不利な記事を削除するようにという圧力に屈した社長に記者たちが長期間のストライキで抗議し、けっきょく朱ジヌなどほとんどの記者が退職して別に『時事イン』を立ち上げ

て独立した事件。

朱は、インターネット時代の対抗メディアとして登場した金於俊《キムオジュン》らのポッドキャスト番組『나는 꼼수다（私はせこいペテン師だ）』（二〇一一年四月〜一二年一二月）やYouTubeと連動した時事ラジオプログラムの『ニュース工場』（二〇一六年〜）などを通じて、一〇年以上にわたって李明博の不正を追及した。ろうそく革命を経た二〇一七年一二月には、李明博のＤＡＳ関連不正疑惑に関連して検察に参考人として召喚され、李明博逮捕にもつながる大量の資料を検察に提供した。現在は、ＫＢＳで音楽・報道番組『朱ジヌ・ライブ』のパーソナリティなどで活躍している。

一九八六年、ＭＢＣに入社した崔承浩は、報道番組『ＰＤ手帳』でＥＳ細胞（胚性幹細胞）論文捏造問題や、二〇〇八年ろうそくデモのきっかけとなったＢＳＥ問題報道などを連発した看板プロデューサーであった。だが、一二年、政府のＭＢＣへの政治介入に抵抗する記者らの一七〇日間ストライキを先導したとして解雇される。解雇後は、独立言論のニュースサイト『ニュース打破』でプロデューサー兼アンカーとして活躍し、国情院のソウル市公務員スパイでっち上げ事件を描いた『自白』や、日本でも話題を呼んだ李明博・朴槿恵の言論支配を告発した『共犯者たち』などのドキュメンタリー作品も制作した。『共犯者たち』では、李明博に執拗に食い下がる崔自身の姿が生々しく描かれている。ＭＢＣはろうそくデモ以後、労組の抗議ストがつづき李明博・朴槿恵政権に追従してきた経営陣が退いて、崔が社長に就任した(二〇一七年一二月)。二〇二〇年二月、崔は社長職を退き、『ニュース打破』のプロデューサーとして第一線に復帰している。

李明博の犯罪が暴かれるまでには、こうした保守右派政権の言論支配にほとんど捨て身で抵抗してきた報道記者たちの粘り強い取材があった。

二〇二〇年二月、控訴審(第二審)では、ソウル高等法院は李明博に対して懲役一七年、罰金一三〇億ウォン、追徴金約五七億八〇〇〇万ウォンの判決を言い渡した。控訴審の大法院でも、一九四一年生まれの李明博にとって事実上終身刑に近い懲役刑が科せられるものと見込まれている。

過去清算

文在寅政権が成立直後にとった措置の一つに「国定教科書」の廃止がある(二〇一七年五月一二日)。民主化以後、韓国の近現代史に関わる歴史認識の問題は、その政権のアイデンティティに関わる重要問題として提起されてきた。保守政権である金泳三の時代にも「歴史定立」が叫ばれ、一九八〇年の光州市民・学生の新軍部に対する抵抗が民主化運動として再定義され、全斗煥・盧泰愚など新軍部勢力の断罪と光州の学生・市民の名誉回復・補償が「五・一八民主化運動等に関する特別法」(一九九五年一二月)などによって実現した。金大中政権期には、米軍政下の済州島で起きた島民の武装蜂起の鎮圧過程で三万人余りが犠牲となった済州島四・三事件についての真相究明と名誉回復を目的に定めた「四・三特別法」(「四・三事件の真相究明と名誉回復のための特別法」二〇〇〇年)が制定されている。盧武鉉政権期には、植民地期から軍事政権期の人権蹂躙に至るすべての事案に適用して真相究明や責任の追及、補償を効率的に実施する特別法(「真実・和解のための過去事整理基本法」二〇〇五年)が成立した(文京洙『新・韓国現代史』)。

李明博・朴槿恵の時代はこうした「歴史定立」や過去清算にとってもバックラッシュの時代であった。過去事法の成立の前後から民主化や過去清算の達成を否定する反動の動きがニューライト運動として台頭し、その思想や歴史解釈を反映した「教学社」の歴史教科書が朴槿恵政権の成立した一三年に国の検定にパスした。しかし、教学社の『韓国史』を採択した高校は、全国二三〇〇近くの高校のうち三校に過ぎなかった。韓国の歴史教科書は朴正熙軍事政権の頃に「国定化」されていたが、盧武鉉政権期にこれが廃止され、その後は、検定制度の下で民間の複数の出版社が作成する教科書のうちから各学校が自主的に選定するという方式に変わっていた。

こうした状況で朴槿恵政権は、韓国の高校教育の「九九・九パーセントが左偏向、非正常」であると決めつけ、「歴史教育を正常化させることは、私たちの世代の使命」だとして歴史教科書の国定化を打ち出した(二〇一五年一〇月)。分断国家「大韓民国」の成立を〝建国〟として位置付け(進歩派の歴史観では一九一九年の「大韓民国臨時政府」の発足を〝建国〟と位置付ける)、北朝鮮の侵略から国を守った李承晩の役割や、高度経済成長を実現した朴正熙の時代を高く評価するというのがその「正常化」の内容であった。国定教科書は二〇一八年から使用されることになっていたが、文在寅は政権発足から二日目にこれを廃止する判断を下した。さらに国定教科書制定の世論作りために工作した国情院や教育部関係者を摘発するための調査委員会を立ち上げている。

韓国の過去清算の取り組みを象徴するのが、光州事件と済州島四・三事件のそれといえる。李明博・朴槿恵政権期に四・三事件をめぐる政府レベルの取り組みに目立った後退があったわけではない。だが、保守右派政権下の時代の空気は済州島社会にも微妙な影を落とした。二〇一三年一一月には四・三事件の犠牲者遺族も一部含む右翼団体が「済州四・三定立研究・遺族会」を結成し、四・三事件が「共産暴動」であるとの立場から、それまでの四・三運動の達成*を消し去ろうとする活動を始めた。同会は、二〇一五年には、済州島内の右翼団体と連携して四・三平和公園の奉安館に祀られた一万四〇〇〇余りの位牌のうち五三基について「武装隊第三代司令官」や「北朝鮮軍師団長」などの肩書をもつ〝不良位牌〟であるとして、その撤去を求めるキャンペーンを始めた。

＊四・三事件は、一九四八年四月三日、南北分断に反対して起きた済州島民の武装蜂起とその鎮圧過程で三万人の島民が犠牲となった事件で、四・三運動は四・三事件の真相究明と問題解決のために、済州島、ソウル、東京、大阪などで展開された遺族や市民団体の運動。

光州事件についても、李明博政権が成立した頃から、「一九八〇年五月当時、北朝鮮軍が派遣され市民軍の一部に紛れて光州市民を扇動した北朝鮮兵士の墓地が北朝鮮にある」といったデマが一部国会議員までも巻き込んで広まり始めた。一九八〇年代から労働運動や民主化運動の闘争歌として歌われ、盧武鉉政権の頃から五・一八記念式典での儀礼歌として斉唱されていた「ニムのための行進曲」についても北朝鮮を称賛する歌だという誹謗が激しくなった。朴槿恵は式典でこの歌の斉唱に加わらなかった。それればかりか、二〇一六年には五・一八記念式典でこの歌の斉唱そのものを不許可にした。

文在寅は、こうして停滞や後退を余儀なくされていた過去清算の歯車を再び回転させた。政権成立から八日後に開催された「五・一八民主化運動記念式」に参加した文在寅は、「五月の光州の歪曲」を許さず、軍用ヘリによる射撃までも含む（光州市民への）発砲の真相と責任を必ず明らかにする」ことを約束した。五・一八を憲法の前文に掲げるという選挙での公約をあらためて確認し、「ニムのための行進曲」が「五月の血と魂が凝縮した象徴」であるとも語った。たくさんの若者たちが五月の真実を広く伝え、犠牲者の「魂を弔いつつ自身を投げ出した」として、朴寛賢《パククアニョン》など若くして亡くなった四人の名前を挙げて、真実を明らかにし伝えるために犠牲と献身を惜しまなかった人々を称えた。

式典では、娘の誕生の知らせを聞いて光州に駆け付けて戒厳軍の銃弾に倒れた父をもつ金ソヒョンさんの追悼の辞が参加者の涙を誘った。文在寅が、追悼の辞を終えて壇上から降りようとする金さんを呼び止め抱擁する様子が感銘を呼んだ。

八月一六日、セウォル号事故被害者遺家族二〇七人が大統領府に招かれた。その席で文在寅は被害者遺家族と生存者に対して公式に謝罪し、セウォル号の惨事で犠牲となった三〇四人の方々を忘れることなく、国としての責任と使命を果たすことを誓った。文在寅は遺家族に対して「惨事の直後からこれまで痛みを共にしてきたし、今後も共にしたい」と語り「政府も最後まで未収容者の捜索のために最善を尽くす」と語った。

翌二〇一八年四月三日は、済州島四・三事件の発生から七〇周年を迎える年であった。文在寅はその日、済州島で開かれた四・三事件七〇周年追悼記念式典に参列した。大統領の追悼記念式典への参列は、盧武鉉が二〇〇六年に参加して以来一二年ぶりのことで、島民の期待は大きかった。四・三平和公園につどった一万五〇〇〇人の聴衆が息をつめるようにして、「済州に春が来ています」で結ばれた、一〇分余りの大統領の演説の一言一句に耳を傾けた。

前述の「一〇〇大国政課題」には、「国民の目線に立った過去の問題の解決」が重要課題として掲げられ、「四・三の完全解決」をうたって事件犠牲者の遺骸発掘、犠牲者追加申告の実施、「四・三」七〇周年記念事業の推進などが具体的な内容として示された。文在寅大統領の追悼記念式典参加も新政権のそうした方向に沿ったものであった。

文在寅は、追悼演説の中で「時には逮捕と投獄」をおそれず、四・三の真実を追究してきた玄基榮《ヒョンギヨン》や在日作家の金石範など文化人や活動家を、一人ひとり名前をあげながら労い、「四・三の完全な解決」、すなわち「遺骸の発掘事業」の継続、賠償・補償と国家トラウマセンターの建設など「立法が必要な事項は国会と積極的に協議」することを約束した。

過去を直視し、無辜の犠牲を弔うことで民主主義の強固な礎を築こうとする文在寅の姿や語りは韓国国民の心に響いた。平昌の冬季五輪(二〇一八年二月)への北朝鮮選手団の参加もあって、文在寅の支持率は就任一年を過ぎても七〇パーセントを下らなかった。「文在寅大統領の支持率は〝重力〟に逆らっている。就任一年の支持率は歴代最高だ。就任初期に頂点を打って、その後は落下するというパターンを文大統領は破っている」(『ハンギョレ』二〇一八年五月八日)といわれた。四月に実現した南北首脳会談は、文在寅の支持率をさらに引き上げ、就任当初の八〇パーセント台を回復するほどだった。

文在寅政権一年の評価の意味をもつ二〇一八年六月の統一地方選挙は、こうした文在寅への高い支持率を反映する選挙となった。「共に民主党」が嶺南の釜山・慶尚南道までも攻略して広域自治体一七首長のうち一四の首長を獲得して大勝利を収めた。

第3節　朝鮮半島平和プロセスの起動

火星一五号

二〇一七年七月、ドイツ・ケルバー財団に招かれてベルリンで演説した文在寅は、朝鮮半島の非核化と北朝鮮の体制保障を盛り込んだ「新ベルリン宣言」(以下、「宣言」)を発表した。一九九八年三月にドイツを公式に訪れた金大中が、南北間の「和解・協力」と「共存・共栄」を訴えた「ベルリン宣言」を発していて、文の「宣言」にはこれを踏まえた〝新〟の意味合いが込められていた。

「宣言」は、文在寅政権の対北朝鮮政策の理念と戦略を示すとともに、当面の具体策として離散家族の再会、平昌冬季五輪への北朝鮮の参加、軍事境界線での敵対行為の中断、さらには首脳レベルも含む南北対話の再開を北朝鮮に呼びかけるものであった。だが、北朝鮮は「宣言」を「寝言のような詭弁」(『労働新聞』二〇一七年七月一五日)と一蹴した。そればかりか、六度目の核実験(九月)や、アメリカ全土をも射程に収めるICBM(火星一五号)発射実験(一一月)を強行した。

こうした北朝鮮の動きに対して米国トランプ政権は、東海(日本海)での韓米日の合同演習や、北朝鮮に対する「テロ支援国家指定」の復活など制裁と圧力を強化し、朝鮮半島の緊張は極度に高まった。米政府内では、制裁的軍事攻撃案、つまりいわゆる「鼻血作戦」(Bloody Nose Strike)が実際に検討されていたといわれる(Victor Cha, "Giving North Korea a 'bloody nose' carries a huge risk to Americans")。

だが、火星一五号の発射成功を受けて金正恩《キムジョンウン》は「核武力完成」を宣言し、北朝鮮の核兵器の高度化が、米国との関係で「相互確証破壊(MAD:Mutual Assured Destruction)」の状況に達したことが示唆された。北朝鮮の核開発がMADの水準にあるかどうかは、核弾頭の小型化や、大気圏再突入技術のレベルなどで疑問の余地が指摘されているが、それでも米国を対話の場に引きずり出すうえでは充分であった(崔正勲『なぜ朝鮮半島「核」危機は繰り返されてきたのか』)。

実際、一二月、当時のティラーソン国務長官は、核放棄を対話の条件としていた従来の姿勢を変えて「前提条件なしで北朝鮮との対話の用意」があると明言した。韓国の国家情報院(徐薫院長)、北朝鮮の統一戦線部(金英哲部長)、米CIA(ポンペオ局長〔当時〕)のいわゆる「スパイライン」が稼働して南北・朝米の対話に向けた水面下の交渉が始まったのもこの頃からだった。

対話への公式のアプローチは米国よりも北朝鮮側によって最初に示された。金正恩は、二〇一八年初頭の「新年の辞」で、「国家核武力完成の歴史的大業」の成就を語る一方、南北が

「軍事的緊張を緩和し、平和的環境を作り出すために共同で努力」しなければならないとした。これを受けて文在寅も、冬季五輪期間中の合同軍事演習の中止を米国に呼びかけ、トランプもこれに応じた。さらに北朝鮮の金永南《キムヨンナム》最高人民会議常任委員長、金与正《キムヨジョン》党中央委員会第一副部長などの平昌訪問が実現し、その後はほぼとんとん拍子で交渉がすすんで四月二七日の南北首脳会談の実現となった。

日米の研究者やジャーナリズムのあいだでは、こうした一連の事態を起動させた北朝鮮の対話政策への転換を、制裁と圧力の効果とする見方が支配的だった。北朝鮮の強引な核開発は中国をも逆なでしており、この頃には中国が曲がりなりにも制裁に転じたことが北朝鮮に深刻なダメージとなっていた。とはいえ、金正恩政権が権力継承にともなう危機を凌いだだけではなく、米国の脅威となるほどの核兵器の高度化を実現したことが、朝鮮半島の情勢展開にもった意味は大きい。

危機を凌いだ北朝鮮

冷戦後の北朝鮮の生存戦略は、一言でいえば、安全保障は米国との交渉を通じて、経済は韓国（さらには日本）に依存して打開の道を探るというものであった（金根植「李明博政府の対北朝鮮政策の評価と次期政府の課題」）。

一九九一年の南北国連同時加盟(九月)や南北基本合意書(「南北間の和解と不可侵および交流・協力に関する合意書」一二月)が韓国との間で締結される一方、米国とは「平和協定」の調印による北朝鮮の体制保障が模索された。核開発も体制保障を米国から引き出すためのカードの意味合いがつよかった。この生存戦略は、米国との関係ではクリントン政権期(一九九三年からの二期八年)、韓国との関係では金大中・盧武鉉政権期には曲がりなりにも機能した。だが米朝関係は、北朝鮮を「悪の枢軸」と非難するブッシュ政権の登場によって行き詰まる。

しかも一九九〇年代後半、北朝鮮は未曾有の食糧危機に直面した。餓死者が数十万人から数百万人*に及んだといわれるこの「苦難の行軍」の時代に北朝鮮社会は、配給による生活必需品の供給体制が崩れて、経済のチャンマダン(私設市場)化が急激にすすんだ。さらに中朝の境界を越える闇取引や脱北者の急増など、住民の外部世界との接触や情報の流入が多くなった。九三年までは中国経由などで韓国にやってくる脱北者は一年に数人に過ぎなかったが、一九九四~九八年は四一~八六人の脱北者があり、一九九九年以降は毎年三桁台、二〇〇二年以降は毎年一〇〇〇~二〇〇〇人台へと急増した。

*韓国統計庁は、一九九五~二〇〇〇年の北朝鮮の餓死者数を三三万六〇〇〇人と発表している(二〇一〇年国勢調査)。

閉鎖社会を生きる北朝鮮の住民たちは、この期に及んで外部世界を知り、中国が北朝鮮より豊かであり、韓国はその中国よりもはるかに豊かであることを知った。住民の党や指導者への忠誠も形骸化し、公安機関による監視・統制や恐怖政治によって秩序が辛うじて保たれるようになった。

苦難の行軍の時期や金正日から金正恩への権力継承の前後には、欧米や韓国・日本の北朝鮮ウォッチャーや政治家の間で北朝鮮内部崩壊論が乱れ飛ぶようになる。とりわけ、李明博政権は、発足間もない頃に金正日が脳卒中で倒れたこともあって、北朝鮮がいずれ崩壊するとの前提に立ってその要求や主張を無視し対応しない「待ちの戦略」に終始した。

しかしこれが北朝鮮の挑発行動を呼び、進歩派政権の時代に築かれた南北関係の枠組みは完全にうち壊された。北朝鮮による延坪島砲撃事件(二〇一〇年)以後は、吸収統一への期待が露骨な形で示されるようになり、北朝鮮住民への働きかけなど「統一準備」が政府の重要な施策となった。

朴槿恵政権の成立直後には、北朝鮮との対話ルートの再構築などが模索された。しかし、北朝鮮が出鼻をくじくように地下核実験を強行したことから、朴槿恵政権でも北朝鮮との関係は断絶したままとなった。朴槿恵は就任二年目の新年の所信表明で「統一大当たり」論をぶち上げるが、これも金正恩政権の崩壊を見越しての統一準備の政策に変質していく。二〇一五年には北朝鮮首脳部を除去する「斬首作戦」や「作戦計画５０１５」*など北朝鮮の「急変事態」に備えた計画内容が韓国軍からリークされる。

＊北朝鮮が核兵器による軍事攻撃を行う兆候が確認できた場合に、核兵器を含む手段で北朝鮮の核ミサイル基地への一斉先制攻撃などを想定した計画。

だが、金正恩後継体制となっても北朝鮮には「急変事態」も「崩壊」も起きなかった。それどころか朴槿恵が北朝鮮崩壊を言い募るようになった二〇一六年には、三六年ぶりの党大会を開催し、金正恩後継体制の完成を内外にアピールした。この頃から、日本の北朝鮮研究者の間でも、金正恩体制が意外に強靭で「一定の合理性を備えている」(坂井隆「インタビュー 北朝鮮と向き合う」)という見方が現れる。しかも、既に述べたように、その翌年には米国を直接脅かすほどの核兵器の高度化を果たしている。

二〇一七年後半、米朝対決がエスカレートして戦争の危機が極度に高まる中で、逆説的に改めて確認されたのは、朝鮮半島では戦争が不可能だということである。北朝鮮は、核兵器を用いなくても、一万を超える大口径砲や多連式ロケット砲を非武装地帯付近に張り巡らせていて、いったん戦争となるとソウルが「火の海」となることは避けられない。これにスカッド(八〇〇基)やノドン(三〇〇基)、テポドン(五〇基)など中距離ミサイルを加えると西日本の米軍基地や主要都市も「火の海」となることは明らかであった。

「普通の国家」への模索

内部崩壊もなく戦争も不可能であるなら、韓国や米国にとって残る道は北朝鮮との「対話」しかない。かりに朴槿恵弾劾後に成立した韓国の政権が保守政権であったとしても、何らかの形での南北対話を目指すほかなかったであろう。もちろん、この間の朝鮮半島情勢の転換をめぐって発揮された強力なイニシアティブは、ろうそく革命を背景とする文在寅政権ならではものであり、紆余曲折の末に実現した二〇一八年六月の歴史的な米朝首脳会談も文在寅政権の果たした役割が極めて大きい。

一方で朝鮮半島の平和構築や「普通の国家」として周辺国との関係改善に向けて、北朝鮮が大きく舵を切ったことも疑う余地はない。一回目の南北首脳会談に先立って、北朝鮮では朝鮮労働党中央委員会第七期第三次全員会議が開かれた（四月二〇日）。そして、それまでの経済・核並進路線が成功裏に終了したことを前提に、核実験と大陸間弾道弾の実験発射の中止、北部（豊渓里《プンゲリ》）核実験場廃棄、核兵器先制不使用、核兵器・技術移転禁止など非核化に向けた一連の措置を明らかにした。そのうえで「社会主義経済建設への総力集中」を新しい戦略路線として確定した。

三代目の権力継承者として正統性に乏しい若い指導者にとっては、経済建設を通じた国民生活の改善こそが、安定の要諦となる。隣接する韓国や中国の経済発展を目の当たりにして住民の脱北が後を絶たない状況にある中で、いかに北朝鮮といえども、「革命伝統」に頼った全体主義的な動員政治が機能した時代はとうに過ぎ去っていた。九月の平壌での南北首脳会談の際、巨大スタディアムの演壇に立って「七〇年の敵対」の清算を訴えた文在寅に熱烈に呼応した一五万人もの平壌市民の姿は、朝鮮半島平和プロセスにむけた掛値なしの期待を表していたであろう。

平和プロセスの到達点

二〇一八年四月の板門店会談で南北の両首脳は、①「南北関係の全面的で画期的な改善と発展」を目指す南北間の多様なレベルでの対話・交渉・交流の推進、②軍事境界線(MDL)一帯での敵対行為の中止による非武装地帯(DMZ)の「平和地帯」化、③朝鮮戦争の終戦と平和協定の締結、さらには朝鮮半島の「完全な非核化」による「確固たる平和体制の樹立」に合意した。この三項目は、二〇一八年の朝鮮半島平和プロセスの成果を測るうえでの枠組みともなるが、この年、主な進展をみせたのは南北関係にかかわる①、②であった。

九月に三度目の会談に臨んだ文在寅・金正恩は、板門店会談での基本原則を確認するとともに、南北の交流と協力による「民族経済」の発展や離散家族問題の解決などに合意した。さらに「非武装地帯をはじめとする対峙地域での軍事的な敵対関係終息を、朝鮮半島の全地域での実質的な戦争の危険の除去と根本的な敵対関係の解消につなげて」いくための具体的措置についても合意した。平壌宣言では、金正恩が「近い日時にソウルを訪問する」ことも約束され、文在寅が記者会見の場でこの「近い日時」が一八年中であると明言したが、二〇一八年中のソウル訪問は実現しなかった。

非武装地帯付近の軍事的緊張の解消については文在寅の平壌訪問中の九月一九日、南北軍事分野合意書が締結され（九・一九軍事合意）、地上、海上、空中での敵対行為の中止が合意された。非武装地帯で六五年もの間、銃口を向け合ってきた最前方監視警戒所（ＧＰ）が南北の一一カ所ずつ相互監視の下で撤去された。南北間のトラブルの火種でもあった北方限界線（ＮＬＬ）一帯の海岸砲が砲門を閉じ「平和水域」とする措置がとられ、軍事境界線一帯の軍事目的による飛行も中止された。

あわせて鉄原《チョルロン》地域での共同遺骸発掘のために地雷が除去されたことで軍事境界線の中部地域で南北を結ぶ道路の開設も可能となった。一二月二六日には開城の板門駅で南北の鉄道と道路をつなぐ着工式が趙明均《チョミョンギュン》韓国統一院長、李善権《リソングォン》北朝鮮祖国統一委員長など南北の高官が参席する中で開かれている。

一方の終戦協定や非核化については米朝対話の進展が前提となる。さらに、北朝鮮にとっては韓国からの投資や経済援助の拡大の有無が切実であり、韓国経済にとっても文在寅政権の描く「H字型経済ベルト」構想*を具体化する南北間の経済交流が切実であった。しかし、国連安保理や米国独自の制裁措置に阻まれて、経済交流は開城での連絡事務所の開設や金剛山観光の再開、さらには薬品・食料などの人道支援という低いレベルにとどまった。この面でも米朝対話の進展が期待された。

＊朝鮮半島を還東海(日本海)圏、還黄海(西海)権、そして非武装地帯という三つの地帯に分け、これらを「経済・平和ベルト」として開発して、これを周辺地域の経済と結びつけて北東アジア経済のハブにしようとするプロジェクト。

米朝会談の開催は、一度は予定された会談がキャンセルされるなど曲折を免れなかったが、文在寅政権の粘り強い仲介が功を奏して二〇一八年六月一二日シンガポールで実現した。米朝は、九四年のジュネーブ合意以来、クリントン政権時代の米朝共同コミュニケ(二〇〇〇年)、ブッシュ政権時代の六者協議による九・一九合意(〇五年)、さらにはオバマ政権時代の二・二九合意(一二年)など再三にわたってコミュニケや〝合意〟を結んできた。だが、どれも閣僚や次官など高官レベルの交渉によるものであった。その点、両国のトップが膝をつき合わせたシンガポール会談は、米朝関係を律する指針として破格の重みをもった(金光男『朝鮮半島　未来を読む』)。

とはいえ、シンガポールで発表された共同声明の内容は、新たな米朝関係の樹立、平和体制の構築、朝鮮半島の完全な非核化、朝鮮戦争時に戦死した米軍兵士の遺骨の送還という、いたってシンプルなものであった。北朝鮮が「制裁解除」や「体制保障」へのステップとして期待した朝鮮戦争終結も、米国が求めていたＣＶＩＤ（完全かつ検証可能で不可逆的な非核化）も明記されなかった。

それでも会談終了後、トランプはツイッターで「もう核を恐れる必要はない。安心して眠ってほしい」という趣旨の言葉を米国民に送った。米国の安全、つまりＩＣＢＭなど核開発の凍結に関しては金正恩とのやりとりの中で何らかの手応えを得たものと考えられる。トランプが帰途、北朝鮮のＩＣＢＭ発射計画でターゲットとされたグアムに立ち寄ったのも象徴的であった。まさに「米国ファースト」の立場を貫いたのである。

ところが、〝同床異夢〟とは言わないまでも、非核化の具体的なプロセスをめぐって米朝間の思惑に相当に大きな開きがあることが、その後の交渉の過程で明らかになる。北朝鮮は、九月の平壌宣言で非核化のためにとるべき措置として、豊渓里核実験場に続いて「東倉里のエンジン試験場とミサイル発射台を関係国専門家たちの参観の下、優先して永久的に廃棄すること」、さらに「米国が〈六・一二米朝共同声明〉の精神に基づいて相応の措置を取るならば、寧辺核施設の永久的な廃棄のような追加措置」も行う用意があるとした。つまり、北朝鮮は段階的な非核化措置をすすめる一方、その見返り（相応の措置）として、終戦宣言や制裁の段階的な解除を求めたのである。

これに対してトランプ政権は、ポンペオ国務長官の言うFFVD（最終的かつ完全に検証された非核化）、具体的には「核リストの申告」「査察」「検証」なしには終戦協定や制裁解除はありえないという、いわばall or nothingの姿勢を崩そうとしていなかった。七月、ポンペオ国務長官は訪朝し、シンガポール宣言のフォローアップに向けて金英哲党副委員長と会談したが、会談後、金副委員長はアメリカの要求が「一方的で強盗さながらの非核化要求」だと非難した。さらに八月末に予定されていたポンペオ国務長官の訪朝が中止され、交渉の停滞が明らかになる。一〇月、平壌でのポンペオ・金正恩会談では、二度目の米朝首脳会談の開催に合意したものの、「朝鮮戦争の終戦宣言や非核化の対象リストをめぐって厳しいやりとりがあった」とされる（『朝日新聞』二〇一八年一〇月七日）。

米国内では、ボルトン大統領補佐官やペンス副大統領といったタカ派はもとより、ひろく北朝鮮政策にかかわる政策担当者や研究者の世界で、金正恩をはじめとする北朝鮮の体制への不信や嫌悪は根強い。トランプ政権の北朝鮮との交渉を見るメディアの眼差しも相当に厳しく、核交渉での安易な妥協はトランプ政権にとっても命取りになりかねない。一方で、北朝鮮にしても核リストの申告は、「敗戦国」並みの武装解除を求める、屈辱的な要求と受け止められていた。朝鮮戦争以来、北朝鮮敵視政策を続けてきた米国に対する不信も根強い。

非核化をめぐる溝は思いのほか深く、朝鮮半島の非核化には、時間をかけての信頼醸成が不可欠であろうという認識が、二〇一八年の米朝交渉に第一線で携わったアメリカや韓国の政策担当者の間で共有されつつあった。

第4章

試練の文在寅政権

板門店で握手するトランプ大統領(左)と金正恩朝鮮労働党委員長．中央に文在寅大統領(2019年6月30日，朝鮮中央通信＝共同)

第1節　「ハノイ・ノーディール」

世論調査

韓国は、「世論調査大国」といわれるほど多様で頻繁な世論調査が行われている。各種の言論メディアが独自に、もしくは大手の民間調査会社と提携して行う調査もあれば、大学や政党のシンクタンクも独自に調査結果を発表している。中央選挙管理委員会のホームページには毎月おびただしい数の世論調査結果がアップされて、世代、地域など詳細に下位区分された情報も含めて世論の動向を知ることができる。当然、調査機関によって調査結果が食い違うこともあり、その精度に疑念や批判が示されることも少なくない。世論の意図的な歪曲や誘導が指摘されることもある。だが、民主化以後、複数の世論調査会社や言論メディアが競い合うようにして世論調査の手法に磨きをかけ、その信頼度を向上させてきた。いまや世論調査は韓国の公共空間のなくてはならないバロメーターとして定着している。

そういう韓国で最も代表的な調査会社とされているのが、韓国ギャラップとリアルメーターである。両社とも、週刻みで大統領と各政党の支持率をはじめ、〝大権走者〟といわれる次期大統領候補の支持率、さらにその時々の重大なイシューについての調査を実施し公表している。表8は、この二社による、文在寅政権の発足直後から任期の折り返し点（二〇一九年一〇月）に至る二年半の支持率の推移をまとめたものである。

韓国ギャラップは、毎週火水木曜日の三日間、無作為に抽出された標本一〇〇〇人について一〇〇パーセント電話面接方式で調査を実施している（標本誤差三パーセント余り、信頼度九五パーセント）。一方のリアルメーターはARS（自動応答）方式の電話調査で月〜金の五日間で標本二五〇〇人の集計結果（標本誤差二・五パーセント、信頼度九五パーセント）を公表している。

韓国ギャラップは、標本数は少ないが「面接」方式なので無党派層や政治に比較的無関心な層の意見をも幅広く拾える特徴がある。そのためか、リアルメーターに比べ振れ幅が大きく、大統領就任直後の支持率では最高値で五ポイントの違いがみられる。支持率最低値の二〇一九年一〇月第三週では、韓国ギャラップは文政権発足以来はじめて支持率が三〇パーセント台に落ち込んでいるのに対して、リアルメーターでは四五パーセントにとどまっている。

任期の折り返し点目前での三九パーセントという数字は、歴代の大統領と比べて決して低いわけではない。李明博が、二〇一〇年一一月にソウルで開催されたG20サミットで韓国中が沸く中で四九パーセントという折り返し点としては高い支持率を記録しているが、他の大統領は

の支持率の推移(%)

2018年10月 第2週	2018年12月 第2週	2019年2月 第4週	2019年4月 第1週	2019年10月 第3週 曺國法務部長官検察捜査	2019年10月 第5週 任期の折り返し点
65	45	49	41	39	44
62	47	50	48	45	48

いずれも文在寅以上に落ち込んでいる(金大中三八パーセント、朴槿恵三六パーセント、盧武鉉三四パーセント、金泳三二パーセント、盧泰愚一八パーセント)。にもかかわらず、支持率三〇パーセント台への落ち込みが目立ったのは、就任当初の八〇パーセントを超える支持率との余りにも大きな落差による。文在寅政権を嫌う保守言論は早々とレームダック説を書き立てるようになった。

文政権成立一年の高い支持率は、ろうそく革命を継承する政権への期待と、矢継ぎ早に断行された積弊清算に韓国市民が送ったエールを表していた。さらに、五・一八民主化運動記念式典などでみられた、「覇権主義」言説とは裏腹のコミュニケーション能力に長けた文在寅の統治スタイル、さらには南北・米朝首脳会談によって高まった平和への期待が支持率を押し上げていた。

ところが表8にあるように、就任から一年を過ぎた頃には支持率に陰りがみえ始める。変革期に特有の熱気も冷めて、人々はあらためて足元の厳しい現実を直視し始める。各種の経済指標が悪化するなかで、終章で後述する文在寅政権の最低賃金政策や所得主導成長

表8　文在寅大統領

時期	2017年6月第1週 就任直後	2017年9月第4週 北朝鮮第6回核実験後	2018年2月第1週 平昌冬季五輪	2018年5月第1週 4.27 南北首脳会談	2018年9月第1週 経済指標の悪化
①	84	65	63	83	49
②	79	68	64	77	54

①韓国ギャラップ，②リアルメーター

論への疑念や批判も噴き出し始めた。二〇一八年九月第一週には支持率五〇パーセントを初めて割り込み、一九日の劇的な平壌訪問でいっとき回復するが、その後は再び下降局面に入って一九年一〇月の四〇パーセント割れに至る。支持率の三〇パーセント台への落ち込みは、曺國《チョグク》の法務部長官任命に始まるいわゆる「曺國事態」が、ろうそく革命の継承者を自任する文在寅政権のモラルや信頼を大いに損ねたことによるであろう。

「ハノイ・ノーディール」

朝鮮半島平和プロセスが平壌での首脳会談以降、停滞して世論への訴求力を失ったことも文在寅の支持率を押し下げる要因となっていた。すでに述べたように、二〇一八年九月の南北首脳会談では平和プロセスの劇的な進展が演出されたものの、水面下では、米朝首脳会談以降、米朝間の思惑の違いが明らかになりつつあった。一〇月、平壌でのポンペオ・金正恩会談では、二度目の米朝首脳会談の開催に合意したものの、非核化と経済制裁解除をめぐる協議は不調に終わっている。

二度目の米朝首脳会談となったハノイ会談(二〇一九年二月二七〜二八日)は、こうした両者の溝を埋めることが期待された。ハノイ会談に至るまでに北朝鮮は東倉里のミサイル施設や寧辺の核施設の廃棄の意向を示していた。ハノイ会談ではこれらに加えて何らかのプラスアルファを北朝鮮が示し、米国がその見返りとして経済制裁の部分的解除に応じる、つまり、会談はそのプラスアルファの内容や制裁解除の幅をめぐるバーゲニングの場となることが予測された。もとよりそれは、非核化とその見返りとしての制裁解除の相互的かつ段階的な推進という、北朝鮮の主張への米国の歩み寄り、その意味でのトランプの決断が期待された。

だが、「世紀の談判」とされたハノイ会談は、一日目の融和ムードが二日目には一転して予定されていた昼食会や署名式がキャンセルされ、物別れに終わった。トランプは、その日の記者会見で北朝鮮側が制裁の全面解除を求めるなど無理難題を持ち出したと述べたが、実際には、トランプの「心変わり」や「不決断」が、会談を不調に終わらせたとの見方が有力である。まさに首脳会談が行われていた同時刻に、民主党が主導権を握る米下院監視・改革委員会公聴会が実施されていた。公聴会では、トランプ大統領の側近だったマイケル・コーエン元顧問弁護士がトランプの財務実態や税申告の不正を暴露する証言があり、トランプは「心ここにあらず」の状態で重要な外交的決断に踏み切れなかった可能性が高い。

当初、参加予定ではなかった強硬派のボルトン補佐官やこれに同調したポンペオ国務長官がトランプの決断をとどまらせたとの見方もある。二〇二〇年六月、ボルトンは、「トランプ政権のすべて」を晒したとされる回顧録(『ジョン・ボルトン回顧録』)を刊行しているが、ハノイ会談でアメリカ側が寧辺の核施設の廃棄以外にどんなプラスアルファを要求したのか、という肝心の問題は明らかにしていない。

ハノイ会談の決裂、いわゆる「ハノイ・ノーディール」は、平壌から列車で発ち中国を経由し鳴り物入りでハノイ入りした金正恩委員長にとって大きな衝撃となったであろう。「ハノイ・ノーディール」から一カ月余り経った四月一〇日、朝鮮労働党中央委員会第四次総会が開かれ「新たな闘争方向と方途」として「自力更生」が改めて宣言された(『朝鮮新報』二〇一九年五月一七日)。そこには米国の圧力には決して屈しない、韓国にも頼らない、という北朝鮮の強いメッセージが込められていた。

平和プロセスの停滞

なによりもハノイ会談の失敗は、「朝鮮半島平和プロセス」の大前提ともいえる米朝間の信頼醸成措置を大きく後退させることになった。韓国政府は「ハノイ・ノーディール」以降、米朝間の信頼回復に向けた水面下の努力をつづけ、その努力は、大阪でのG20サミット(二〇一九年六月二八日及び二九日)終了の翌日、電撃的に実現した米朝板門店会談で実を結ぶことになった。金正恩・トランプの軍事境界線(ＭＤＬ)での握手とトランプのＭＤＬ越えの演出が世界中に放映された。文在寅・トランプ・金正恩の三者会談も実現し、米朝の実務協議が二、三週間後に再開されるであろうという見通しも語られ、朝鮮半島平和プロセスの再起動が期待された。

だが、実務協議が開かれたのはそれから三カ月余りを経た一〇月五日であった。しかもストックホルムで開かれた実務協議は、北朝鮮側に言わせると米国は「交渉の席に手ぶらで来て私たちを大きく失望」(金明吉《キムミョンギル》首席代表)させるものであり、協議は物別れに終わった(『Korea World Times』二〇一九年一〇月一四日)。

「ハノイ・ノーディール」以後、北朝鮮は短距離弾道ミサイルの発射を、一年五カ月ぶりに再開(五月)し、一〇月までに一二回一五発のミサイルを発射した(『聯合ニュース』二〇一九年一〇月三一日)。さらに、ストックホルム協議が物別れに終わって後の一二月には、大陸間弾道ミサイル用のエンジン実験(東倉里)や、ＩＣＢＭ関連工場での仮施設の設置など増築工事が進められていることも明らかになった。

米朝交渉のとん挫は、文在寅政権の「朝鮮半島平和プロセス」の舵取り役(「運転者」という表現が用いられている)としての位置を大きく揺るがせた。ハノイ会談をめぐる支持率の浮揚もわずかなものにとどまり、支持率の低下傾向を止めるには至らなかった。

金正恩は二〇一九年の年頭のメッセージで「何ら前提条件や見返り無しに開城工業地区と金剛山観光を再開する用意がある」と南北の経済協力に意欲を示していた。韓国側も「韓半島新経済地図」構想を掲げて、米朝関係が進展し北朝鮮に対する制裁緩和が進めば、北朝鮮への医薬品支援（インフルエンザ治療薬のタミフル支援）をはじめ、南北鉄道・道路の整備事業、金剛山開発などを推進する計画であった。だが、こうした計画は、制裁緩和が実現しなかったことから悉くとん挫した。金剛山観光についても観光収入が北朝鮮側に入ることから経済制裁の規定違反とされ継続が困難となった。韓国は、経済制裁の範囲をめぐって米国が設定した境界を越えることはできなかった。

こうした韓国の姿勢に北朝鮮は、中途半端な「〈仲介者〉や〈促進者〉の行動ではなく民族の一員として正気を取り戻し、自分の言うべきことを堂々と主張し民族の利益を擁護する当事者にならなければならない」（二〇一九年四月、最高人民会議での金正恩委員長の施政方針演説）と韓国政府の〝当事者〟性に疑問を投げかけている（『朝鮮新報』二〇一九年五月一七日）。二〇一九年一一月、金正恩は、韓国の金剛山観光施設の撤去を通告するとともに、西海岸の南北軍事緩衝地域内の昌麟島から南側に向けた海岸砲射撃訓練を強行した。

第2節　問われる〝進歩〟の価値とモラル

ファストトラック

文在寅政権の支持率の低下には、積弊の清算などの改革ドライブが就任一年目にして失速しつつあったことも大きかった。前大統領の弾劾はあったが、「与小野大」の国会構成に変化はなく、国会では親朴議員中心の保守野党が幅を利かしていた。重要改革法案が野党の激しい抵抗によって国会で立ち往生する事態があいついだ。

韓国の国会は、法制司法委員会、企画財政委員会、安全行政委員会、国土交通委員会、女性家族委員会など一七の常任委員会があり、各種の法案は、各常任委員会の法案審査小委員会↓同全体会議↓法制司法委員会の法案審査小委員会↓同全体会議といういくつものハードルを経てようやく国会本会議への上程となる。つまり、すべての法案は各常任委員会の審議を経た後、法制司法委員会での「体系・字句審査」という関門を経なければならない。法制司法委員会での審議は名目上、他の法律との整合性や用語法など形式面の審査だとされているが、委員長が野党議員（自由韓国党、その後「未来統合党」に党名を変更し、さらに二〇年九月には「国民の力」に変えている）であるために、法案の中身が改めて問われて審議が紛糾することも少なくない。

第20代国会（二〇一六年五月〜二〇二〇年五月）では二万四一四一件の法案が発議されたが、否決も含めて国会本会議で処理された法案は九一三九件（三七・七パーセント）にとどまり、表9のようにこの二〇年間の国会では最低の件数であった。

こういう第20代国会にあって、動物国会と揶揄されるような最悪の波乱が、二〇一九年四月、検察改革二法案（高位公職者犯罪捜査処〔公捜処〕設置法案および検察・警察捜査権調整法案）をめぐって起こった。検察改革は、政界入りして以来の文在寅の悲願であり、積弊清算の本丸ともいうべき課題であった。検察は「無所不為」（できないことがないという意）の権力機関であると同時に、「前官礼遇」といわれる退官後の地位保証（大会社の役員や顧問弁護士、大規模ローファームや法務部・大統領秘書室の官僚ポストなど）を引き換えに保守政権（政党）、保守言論、財閥などからなる既得権益ブロックの重要な要となっていた。

表9　歴代国会議案処理率（%）

16代	17代	18代	19代	20代
66	52.2	45.4	42.8	37.7

出所：国会議案情報システム

文在寅は、盧武鉉政権期に大統領秘書室の民情首席として検察改革に取り組んだ経験があった。保守政権下では、検察は、この民情首席の介入や指図のもとで、政治的な思惑による標的捜査や手抜き捜査を重ねてきた。問題は政権と検察の癒着にあり、検察改革の要は、検察の政治的中立化や脱政治化にあると考えられた。だが、権力を掌握した進歩政権が、人事や機構改革を通じて検察に手を入れることはそれ自体が検察への政治介入となり、ある種の自家撞着に陥りかねない。このため盧武鉉政権下での検察改革は、実質的には大統領秘書室や民情首席の検察への介入を抑制することに主眼が置かれ、検察自体の人事や機構改革にはほとんど手がつけられなかった。だが、こうして検察組織の体質改善がなかったことが、後に検察の盧武鉉に対する標的捜査を許し悲劇的な結末を招いてしまったのである(文在寅『運命』)。検察改革は、盧武鉉への弔いの意味もあり、文在寅にとって期するところ大であったことは想像に難くない。

文在寅は政権成立当初から検察の機構改革にあえて踏み込む姿勢を示していた。第3章第2節で示したように、八月には法務部・検察改革委員会を発足させ、李明博・朴槿恵時代を通じて検察官僚の巣窟なみになっていた法務部の脱検察化をすすめた。だが、文政権発足から二年余りは、検察組織そのものについては、制度改革という面でも、検察官の過去の職権乱用や標的捜査の洗い出しという面でも、これといった進展は見られなかった。

二〇一八年一月、ある女性検事(徐《ソ》志賢《ジヒョン》)が安兌根前検事長から受けたセクハラ被害を内部告発し、安が職権乱用(セクハラについては公訴時効成立)などで起訴されるという波乱があった。徐の告発は、韓国社会全体を揺るがすMeToo運動(後述)の先駆けとなるが、検察機構そのものはこれによってもほとんど動じることはなかった。

文在寅政権がこうして滞り気味の検察組織の改革に本腰を入れ始めたのは、すでに任期も半ばにさしかかった頃からであった。その第一弾として打ち出されたのが、上記の検察制度改革二法案であった。公捜処は、大統領など三権の長をはじめ、軍部将官、広域地方自治体首長、検察幹部など高位公職者とその家族の犯罪を捜査する独立した機関として構想されていた。検察や法院に対しては捜査権だけではなく起訴権も与えられ、検察幹部の犯罪を捜査し起訴もできる独立した機関として進歩勢力の永年の悲願が込められていた。

一方の検・警捜査権調整法案（刑事訴訟法改正法案と警察庁法改正案）は、「司法警察官はすべての捜査に関して検事の指揮を受ける」という刑事訴訟法の規定を改め、検察の直接捜査の範囲を重要犯罪に制限し、警察に一次捜査権と終結権を与える法案である。検察・警察との関係を上下関係から「総合的協力関係」に変えるものとされ、事実上、日本にやや近い制度への改革といえる。

「共に民主党」は二〇一九年四月、他の少数野党（正しい未来党、正義党、民主平和党）と連携して、上記の二法案をファストトラックに上程する作戦に出た。ファストトラックとは、朴槿恵政権時代の二〇一五年に、緊急で重要な案件を速やかに処理するために導入された「迅速処理案件指定」（国会法八五条2）のことである。所管の常任委員会（上記の二法案については司法改革特別委員会）委員の五分の三の賛成を得ることで指定が可能となる。指定された法案は、所管常任委員会で一八〇日、法制司法委員会では九〇日以内に審査を終えなければならず、本会議に付議されて以後は六〇日以内に本会議に上程されなければならない。要するにファストトラックとは、朴政権が数の力に頼って重要法案を押し通すためにつくった制度であった。民主党はこれを逆手にとって検察改革の実現をはかった。

民主党は、少数野党の合意を確保するために、少数政党に有利な「準連動型比例代表制」*法案を同時にファストトラックに上程する戦略をとった。「共に民主党」を含む四党は四月末、この選挙制度改革法案と検察改革二法案の三つの法案のファストトラック指定を強行した。これに対し自由韓国党議員たちは、司法改革特別委員会室のロックアウトや議員の監禁、法案申請書類の奪取と破棄、法案送信用のファックス機の打ち壊しなど集団的な実力行使に出た。この前代未聞の騒ぎに対して三三年ぶりに国会警護権が発動されたが、出動した国会警備員と自由韓国党議員・補佐官との衝突も起きた。後にソウル中央地検は自由韓国党関係者二六人(議員二三人、補佐官など三人)、民主党関係者一〇人(議員五人、補佐官など五人)を特殊公務執行妨害、国会法違反などで在宅起訴している。

*小選挙区二五三議席、比例代表四七議席という構成は維持しながら、比例代表のうち三〇議席について連動型比例代表制(連動率五〇パーセント)を導入する内容が骨子。三〇議席は各党の小選挙区当選者数と政党得票率に基づいて配分され、残り一七議席はこれまで通り政党得票率に基づいて配分される。

自由韓国党は、「太極旗部隊」など宗教右派を中心とする右翼団体と結んで街頭での抗議行動を連日連夜繰り広げたが、上記三法案のファストトラック指定を妨げることはできなかった。三つの法案は、所定のプロセスを経て二〇一九年一二月、国会本会議で採択された。ファストトラック指定から採択に至る過程を通して、民主党執行部の卓越した国会運営、とりわけ李海瓚代表の老獪な国会戦略、三八六世代の李仁栄院内代表の粘り強い交渉力が目立った。

「曺國事態」

こうした制度改革とともに、二〇一九年六月、文在寅が検察改革の第二の切り札として切ったカードが尹錫悦《ユンソニョル》の検察総長任命であった。尹は典型的な「特捜通」として大検察庁（最高検察庁）中央捜査部一、二課長、ソウル中央地検特捜一部長を歴任し、特捜一部長時代には二〇一二年の「国情院書き込み事件」（第1章第3節）の捜査を指揮して朴槿恵の不興を買い、水原地検に左遷された経験もある骨太の検察官として知られていた。朴槿恵・崔順実ゲートでは国会が設置した特別検察チームの捜査チーム長として活躍し、文在寅政権の成立直後にはこうした功績が認められてソウル中央地検長に抜擢されていた。さらに、その後も前述の李明博前大統領や後に述べる梁承泰大法院長の起訴でもソウル中央地検長として指揮している。

文在寅はこの尹錫悦を検察改革の切り札として検察総長に任命した。その任命は司法研修院の期数*からしても、ソウルなど五つの広域市に置かれる高等検察庁長を飛び越えた昇進という意味でも破格の人事であり、文在寅の検察改革への意欲のほどを物語る人事でもあった。

＊尹は司法研修院二三期生。前任の文武一は一八期生であり、検察総長よりも期数において先輩にあたる検事たちは、慣例で勇退することになっている。

だが、尹の思惑と文在寅のそれには大きな隔たりがあった。尹は、検察総長人事の是非をめぐる国会人事聴聞会(七月)で野党議員の質問に答えて「組織に忠誠を尽くすのであって人に忠誠を尽くすわけではない」と言い放った。この言葉の通り、検察総長としての尹の行動は、いわば「検察至上主義者」のそれであり、外部からの圧力に左右されない気骨はあっても検察の力を削ぐ改革には事実上、反発や非協力を貫いている。保守言論や国会議員へのリークによる世論操作、「選択的正義」として非難される標的捜査や手抜き捜査、身内の庇護など、それまでの韓国検察の体質は尹によってそのまま引き継がれた。

八月九日、文在寅が検察改革のもう一枚の切り札として曺國を法務部長官に指名すると、尹錫悦のそうした体質や目論見が露わになった。検察の組織防衛のための曺國つぶしが本格化する。すでに任命される前後から、曺國とその家族についての、検察からのリークによるものと思しき不正蓄財や不正入試にまつわるおびただしい数の疑惑報道があふれ始めた。人事聴聞会を一〇日後に控えた八月二七日には、ソウル中央地検特捜二部が曺國家族疑惑全般に対する強制捜査に着手した。捜査に動員された人員は検事と検察捜査官を合わせると一〇〇人を超えた。

その規模は朴槿恵・崔順実ゲートを捜査した特別検察チームの規模よりも大きく、単一事件の捜査としては史上最大規模だといわれる(曺國白書政策委員会編『検察改革とろうそく市民』)。九月六日、検察は、その日の人事公聴会に狙いを定めたかのように、曺國夫人(鄭慶心《チョンギョンシム》)を、二〇一二年九月に娘の入試を有利にするために行ったとされる「表彰状偽造」の容疑で起訴した。

検察・保守言論・保守野党の激しい攻勢のなかでも、文在寅は曺國の法務部長官任命を断行した(九月九日)。だが、九月二三日には曺國宅への家宅捜査、一〇月四日には、曺國の弟の逮捕状の請求があり(棄却)、一四日には、わずか一カ月余りの在任で曺國は辞意を表明せざるを得なかった。一〇月二一日、検察は「表彰状偽造」や「私募ファンド」への不正投資など一一件の容疑で鄭慶心の逮捕状を請求し、二四日、逮捕した。文在寅の支持率が韓国ギャラップの調査で四〇パーセントを割ったのはまさにこの頃だった。

公捜処法が国会本会議で採択された日(一二月三〇日)の翌日の大晦日、曺國は公職者倫理法違反など一一の容疑で在宅起訴された。一一の容疑の内訳は、入試に関する偽計公務執行妨害、業務妨害、偽造公文書行使、私文書偽造、奨学金不正授受(賄賂授受)、さらに私募ファンドにかかわる公職者倫理法違反および偽計公務執行妨害などであった。息子の米国の有名大学へのオンライン入試を手助けしたという疑惑や、ソウル大公益人権法センターのインターン活動証明書の発給を虚偽で受けたといった容疑も列挙された。大半は、「表彰状偽造」や「奨学金の

「不正授受」などにかかわる偽計業務妨害や私文書偽造といった容疑で、私募ファンドについても多額の横領や収賄などの容疑ではない。

話題を独占するほどの大掛かりな捜査とマスコミ報道にしては、容疑の内容は拍子抜けの印象が否めないものであった。しかも裁判でそれらの容疑を裏付ける確証を検察が示しうるのかも覚束ない状況が明らかになっている。曺國一家の起訴内容や公判の過程で、むしろ検察の強引な標的捜査や、検・言癒着(検察と保守言論との癒着)が問題として浮上した。二〇二〇年一月、ジャンヌ・ダルクならぬ「チュ・ダルク」の異名をもつ秋美愛《チュミエ》前「共に民主党」代表が法務部長官に就任して、検察人事で大なたを振るう改革も断行されつつある。尹錫悦軍団といわれる側近の多くが尹のもとを去り、尹の検察総長としての地位が揺らぎつつある。

問われるモラル

「曺國事態」で問われたのは、犯罪容疑の事実以上に、「公正」と「正義」を何よりも大切な信条とする進歩派のモラルであったといえる。曺國は国会の人事聴聞会を控えた八月二五日、記者団を前にして次のような謝罪を表明した。

「ろうそく名誉革命以後、高い道徳を求め、公正を実践する時代が私たちの前に到来しました。……若い頃から正義と人権への理想を大切にして、学問および社会活動に取り組んできました。……しかしいま、私の人生のすべてを反省して峻厳に振り返らなければならない状況になりました。〝改革主義者〟であろうと努めてきましたが、子供の問題には不徹底で安易な父であったことを謙虚に告白します。当時存在した法と制度に反しない行為であったとしても、その制度に近寄ることができなかった多くの国民と青年たちに心の傷を与えてしまいました。……既存の法と制度に従うことが既得権維持につながることもあるという点を見落としていました。国民の皆様に誠に申しわけなく思います」

曺國の娘が、大韓病理学会誌に掲載された論文で「第一著者」となっていたという七年も前の事実が蒸し返され、マスコミやSNS上で大きく問題とされた（起訴事実には含まれなかった）。壇国大学校医科学研究所で二週間のインターンシップを経ただけの高校二年生が、名のある医学系学会誌の論文の第一著者となったのである。事実上、論文執筆を主導した教授が曺國の娘のスペックのために第一著者に仕立てことは明らかだった。もちろん、それ自体は犯罪ではないにしても、この頃曺國に浴びせられた猛烈なバッシングの多くは、そういう娘や息子の入試に関わる特権や倫理感に向けられていた。「法と制度に反しない行為であったとしても、その制度に近寄ることができなかった多くの国民と青年たちに心の傷を与えて」しまったという曺國の反省もまさにそのことを指している。

韓国の大学入試は、日本のセンター入試にあたるスヌン（大学修学能力試験：定時募集）と推薦入試やＡＯ入試にあたる「随時募集」の二通りがあり、現在ではＳＫＹといわれるソウル大・高麗《コリョ》大・延世《ヨンセ》大などトップクラスの大学も含めて七〜八割が「随時募集」に移行している。この「随時募集」では、単に正課の成績だけでなく、課外のクラブ活動、ボランティア活動、インターンシップ、科学や外国語のコンクールでの受賞歴といった、いわゆる「スペック」がものをいう。そしてこのスペックの取得は親の経済力・社会的地位・ネットワークに大きく左右されざるを得ない。曺國の娘が通っていたような進学校では、学生から得た父母の個人情報を利用して在学生のスペック積み増しプログラムを企画しているといわれる（曺國白書政策委員会編『検察改革とろうそく市民』）。そうしたプログラムは当然、親の社会的地位に応じて学生をランク付けして切り分けるプログラムである可能性も高い。

二〇一八年暮れから一九年の初めにかけて韓国で連続テレビドラマ『ＳＫＹキャッスル』（ＪＴＢＣ）が大ヒットして、日本でもＣＳやＢＳで放映され話題となった。架空の高級住宅街に住む妻たちの子供の受験をめぐる確執や病理を描いたドラマで、まさに子供たちが「金の匙・土の匙（금수저・흙수저）」と階層ごとに輪切りにされて社会的上昇移動が困難になった韓国社会を映し出していた。韓国人の多くが曺國一家の姿に、受験に血道をあげる「ＳＫＹキャッスル」の住民たちのそれを重ね合わせたに違いない。

八〇年代に民主化運動を闘い、〝進歩〟や〝改革〟を語り続けて、大学教授、弁護士、国会

議員や地方議員といったエリートになった三八六世代も少なくない。もちろん、韓国の不平等な教育制度を嫌って「脱学校」の子育てを目指す三八六世代もいないわけではない。だが、やはり、その大半は、いざわが子のこととなると教育制度の不合理な構造を前提に子供のスペックの積み上げに血眼となる実態がある。「曺國事態」のあった二〇一九年は、三八六世代に対する批判が、従来のような左派、親北といったイデオロギーレベルの枠を越えて高まった一年であった。「偽善」、「갑질(パワハラ)」、さらには「既得権勢力」といった非難の言葉が、『ハンギョレ』や『京郷新聞』といった進歩的な言論からも溢れでるようになった(シン・ジヌク「三八六言説の構造と変化に対する批判的言説分析、一九九〇～二〇一九年」)。曺國は、まさにそういう三八六世代エリートの象徴として社会的非難の矢面に立たされたといえる。

MeToo運動

曺國の反省にあるように、ポストろうそく革命時代の韓国は、公正や正義への、かつてなく高いレベルの衝動をはらむ社会となった。その矛先は三八六世代をはじめとする進歩勢力にも向けられた。二〇〇〇年を前後してはじまるヤング・フェミニストたちの運動は、江南駅一〇番出口殺人事件を経て高まったが、その広がりはやや限られていて、ろうそくデモでフェミゾーン(第2章第3節)に結集したフェミニストたちも少数派であった。

一方、朴槿恵の弾劾へとつながる最初のろうそくデモが起こった二〇一六年一〇月、学生生活から、就職、結婚、そして出産に至るごく平凡な韓国人女性の日常を、精神科医の視線で描いた小説『八二年生まれ、キム・ジヨン』が刊行され、一躍、ミリオンセラーとなった。日本やフランス、イギリスでも翻訳が刊行され、日本では一五万部を超えるベストセラーとなった。主人公は、性暴力や殺人の被害者ではない。むしろ、韓国社会の日常に未だに根を張る女性蔑視や差別の一つ一つが主人公の心を壊していく過程が淡々と描かれる。『八二年生まれ、キム・ジヨン』への共感の広がりは、性暴力やセクハラだけではなく、女性が日常のなかで被る差別や重圧に対する不満や怒りが漲って臨界点にある状況を物語っていた。

そういう女性たちの鬱積を背景に、二〇一八年、韓国でもMeToo運動が爆発的に高揚した。それはろうそく革命を経た韓国社会がジェンダーをめぐるより高いレベルのモラルや規範を求めつつある機運を映し出していた。

二〇一七年一〇月五日、著名な米国の映画プロデューサーであるハーヴェイ・ワインスタインが女優のメリル・ストリープなど多数の女性にセクハラや性的暴行を長年にわたって行っていたことをニューヨーク・タイムズが暴露した。この報道に端を発するMeTooの世界的な波がろうそく革命を経た韓国の市民社会にも及んだといえる。

韓国でMeToo運動の先駆けとなったのは、二〇一八年一月、ある女性検事（徐志賢）が検察内ネットワークを通じて安兌根前検事長から受けた性暴力被害を内部告発したことであった。ことは検察という権力機関の内部で起こっていたこと、さらに八年もの間、事件について沈黙を余儀なくされて来たという事実が、韓国社会に計り知れない衝撃をもたらした。徐は、訴えの動機について語りながら、同じような被害を受けた女性たちに「あなたが悪いのではない」というメッセージを送りたかったと語った。

徐の訴えに呼応するかのように、韓国社会の実に多様な分野で問題が一気に表面化した。二月には、韓国文学界の大御所でたびたびノーベル文学賞の候補と取り沙汰されてきた高銀《コウン》が女性詩人などに常習的にセクハラを行ってきたことが暴露された。高は、南北統一を詠う進歩派の民衆詩人として日本でも知られていた。

文在寅も、三月四日、第三四回韓国女性大会に贈った祝辞において「最近私たちの社会はMeToo運動と共に重要な変化のさ中にある」として、性暴力被害者の勇気ある行動に呼応する明白な変化を生み出したい、と決意のほどを語った。だが、MeToo運動は足元の与党に飛び火した。同じ三月には、「共に民主党」の有力な次期大統領候補の一人と目されていた安熙正《アンヒジョン》忠清南道知事の秘書に対する性暴力が暴露された。安は知事辞職に追い込まれ、秘書に対する業務上威力による姦淫や強制わいせつの罪などで翌四月に在宅起訴された(二〇一九年九月に大法院で三年六カ月の実刑が確定している)。

同じく民主党の広域自治体首長としては、二〇二〇年になって四月には呉巨敦《オゴドン》釜山市長が秘書に対するセクハラを告白して辞任し、七月には朴元淳ソウル市長がセクハラ疑惑の渦中で自死した。文在寅政権下で三人の与党系の首長がセクハラ疑惑で職を退くという前代未聞の状況が生まれている。

二〇一八年秋からは中学・高校を中心にスクールMeToo運動が広がり、二〇一九年初めにはスピードスケート界でコーチなどによるセクハラが常習化していることが明るみに出された。さらに演劇界、芸能界、大学・学界などMeTooのうねりはとどまるところを知らなかった。急進的なフェミニスト研究者として知られた李娜榮◇は、この状況を「現存する最も古く最も強固な階級・カースト制度を覆すことを目的とした大韓民国の歴史上もっとも重要な革命の波の一つ」だと述べている（李娜榮編『誰が女性を殺すのか』）。

李娜榮は「進歩運動圏内の性差別と性暴力文化がけっきょく全世界に巨大な影響を及ぼしたフェミニスト運動の波を起こした。……進歩派が志向した民主主義・平等・人権という価値に事実上、性平等が不在であったという認識が女性たちをフェミニストに覚醒させたのである」と進歩派の運動とフェミニストの関係を解釈している。

韓国でも二〇〇〇年代の女性運動の新しい波の出発点に、二〇〇〇年の「一〇〇人委員会（運動社会内の家父長制と権威主義撤廃のための女性活動家の集い）」があるとされることが少なくない。一〇〇人委員会は、労働運動や進歩的社会団体の活動家たちの間でおこった性暴力事件一六件を加害者の実名入りでネット上に公開して、「運動圏」と社会に衝撃を与えた。こうした「ヤング・フェミニスト」といわれる人々の運動は、既存の制度改革中心の女性運動が見落としていた性暴力のアジェンダを浮き彫りにし、親密圏の日常の慣行のなかで繰り返される家父長的文化を政治化してラディカルに批判しようとした。黄ジョンミは、「私的でありながら公的な問題」、「より大衆的で日常的な女性たちのアイデンティティを、新しい政治的方式で公共圏のアジェンダとして提起」するヤング・フェミニストの運動を「アイデンティティ・ポリティックス」(「ジェンダーの観点からみた民主化以後の民主主義」)として位置付けている。

その位置づけの是非はともかく、ろうそく革命を経てさらに活気づいたフェミニズムの新しい潮流は、ポストろうそく革命の韓国社会にあってメインストリームとなった〝進歩〟の価値とモラルを厳しく問いつづけている。

第3節　日韓関係――歴史認識の相克

大法院長の逮捕

文在寅政権が掲げた「積弊清算」のもう一つの重要課題に司法改革があった。すでにろうそく革命のさ中で大法院と大統領府との癒着や、裁判官の人事を歪めるブラックリストの作成といった「司法壟断」が非難の対象となっていた。だが、司法の独立を重んじる立場から、文在寅政権は直接司法改革に乗り出すことができなかった。文在寅は二〇一七年八月、新たに金《キム》命洙《ミョンス》を大法院長に任命し、「司法壟断」の究明については法務部自身による調査に委ねた。だが、法務部内に「司法行政権乱用関連特別調査団」が設置されたのは一八年の二月であり、その後の内部調査にも目ぼしい進展は見られなかった。

六月、検察の特捜部がしびれを切らしたかのように本格的な捜査に乗り出すが、その捜査の過程で、「徴用工判決」をめぐる大統領府との取引疑惑が浮上し、八月、外交部国際法律局東北アジア局企画調整室が家宅捜査を受けたり、金淇春前青瓦台秘書室長が召喚されたりした。大法院は、懸案となっていた「上告法院」*導入の見返りとして朴槿恵政権の意に適う判決や裁判遅延に応じていた。九〜一〇月にかけてこういう「裁判取引」をめぐる検察捜査に拍車がかかって、関係者の召喚や逮捕があいついだ。

＊大法院が扱う上告審(三審)事件のうち、比較的単純な事件を別に引き受ける裁判所として構想されている。民事・刑事などの一般事件は上告裁判所が、社会的影響の大きい、判例変更を来すような大事件のみを大法院が審理するというもの。

こうしたなかで金命洙体制となった大法院は、二〇一八年の一〇月三〇日、戦前の徴用被害者への日本企業の賠償責任を認める、いわゆる「徴用工判決」を確定した。ろうそく革命のさなかに叫ばれた「司法壟断」非難の機運があらためて高まるなかで下された判決であった。翌年一月二四日、梁承泰前大法院長は逮捕され、ソウル拘置所に収監された。大法院長の逮捕は、韓国の憲政史上初めてのことである。梁承泰の容疑は四〇件余りに上ったが、そのうちの一つが朴槿恵政権の意向で徴用工訴訟の確定判決を五年にわたって引き延ばしたというものである。

二〇一九年の日韓対立のきっかけとなった大法院の「徴用工判決」は、こうしてポストろうそく革命の積弊清算の文脈の中で下されていた。つまり、それは、大法院の下した一判決であることを超えて、ろうそく革命に発する社会的公正と正義への機運が対外関係にも及んでいることを物語っている。「徴用工判決」とは、「ろうそく革命」の一環として韓国の市民社会が日本社会に突きつけた宣告でもあった。

植民地支配の法的責任

韓国大法院の判決は、戦時中に強制労働に従事させられた韓国人元徴用工の訴えに、新日鐵住金(判決当時の名称。二〇一九年四月、あらためて戦前の「日本製鉄」に名称変更している)に対して一人当たり約一〇〇〇万円の損害賠償(慰謝料の支払い)を命じるものであった。一一月には三菱重工業に対しても同様の判決が下され、一九年、日韓はこの「徴用工判決」をめぐって熾烈な応酬を繰り返し、両国の関係はかつてなく悪化した。

この「徴用工判決」の出発点は、二〇一二年の、同じ大法院による破棄差戻し判決にさかのぼる。新日鐵住金を訴えた原告の元徴用工らは、一九九七年から日本で新日鐵住金（当時は新日本製鐵）と日本政府を相手どって未払賃金相当の損害金、慰謝料などの支払いと謝罪文の交付を求める訴訟を起こしてきた。だがその訴えは、大阪地裁（二〇〇一年）、大阪高裁（二〇〇二年）、最高裁（二〇〇三年）のすべてにおいて棄却されていた。

そこで原告らは、韓国国内のソウル中央地方法院に新日鐵住金に対して日本でのそれと同様の訴訟を起こすが、ソウル地方法院もソウル高等法院も消滅時効の完成を理由に敗訴判決を下していた。

ところが、二〇一二年五月、上告審の大法院はソウル高等法院に判決破棄差戻しを命じ、ソウル高等法院は差戻し命令の趣旨に沿って被告の賠償責任を認める判決を下した（二〇一三年一〇月）。二〇一二年の大法院の差戻し判決は、一九九〇年代に始まる「徴用工」裁判の転機となる判決であった。実は差戻し判決の前年八月、大法院とはライバル関係にある韓国の憲法裁判所が、日本軍「慰安婦」被害者の賠償請求権について韓国政府がその解決のために努力しないことは「被害者らの基本権を侵害する違憲行為である」との判断を下していた（「慰安婦賠償関連の行政不作為違憲決定」）。元日本軍慰安婦の女性らが韓国政府を相手どり、日韓請求権協定紛争の解決に向けて努力するよう求めて起こした訴えに、五年に及ぶ審理の末に憲法裁判所が下した結論であった。

この憲法裁判所の判決の社会的な波紋は大きかった。二〇一八年、憲法裁判所が創設三〇周年を記念して実施した調査「国民が選ぶ憲法裁判所の決定三〇選」で第一位となったのがこの決定であった（『ハンギョレ』二〇一九年八月二六日）。上記の差戻し判決も、この憲法判断によって日韓の歴史問題をめぐる社会的な機運が改めて高揚したことを反映したものであり、大統領に就任して間もなかった朴槿恵も、「加害者と被害者という歴史的立場は千年経っても変わらない」（『東亜日報』二〇一三年三月二日）と言い切っている。二〇一三年七月には、米国カリフォルニア州の地方都市グレンデールに、ソウルの日本大使館前に次ぐもう一つの慰安婦少女像が建てられた。

差戻し判決後のソウル高等法院の判決に対して被告の新日鐵住金・三菱重工業はこれを不服とし再上告し、審理は再び大法院に移る。ところが、大法院が被告らの上告理由を棄却し、原審を確定する判決を出すまでに五年余りの歳月を経なければならなかった。すでに述べたように、朴槿恵政権による司法への介入があり、梁承泰大法院長と青瓦台との取引によって、判決が意図的に引き延ばされていた。

「徴用工判決」は、「旧日本製鉄の原告ら（徴用被害者）に対する行為は当時日本政府の韓半島に対する不法な植民地支配及び侵略戦争の遂行と直結した反人道的な不法行為」にあたると断じた。そのうえで、日本政府が解決済みと言い張る「請求権協定」について「基本的にはサンフランシスコ講和条約第四条に基づき、韓日両国間の財政的・民事的な債権・債務関係を政治的合意によって解決するためのもの」であり、植民地支配の反人道的な不法行為による「慰謝料請求権」は「請求権協定の適用対象に含まれるものであるとはとうてい言えない」という判断を示した。

つまり、「徴用工判決」は、日韓請求権は不法な植民地支配による被害を償うものではなく、講和条約のいう「債権・債務関係」を処理したものに過ぎない、としているのである。講和条約は「朝鮮(Korea)の独立を承認」(第二条(a))したうえで、その第四条(a)で財産並びに債権を含む請求権については、二国間の「特別な取極の主題」(the subject of special arrangements)となるとしている。問題はそこに植民地支配の清算という観点が全く欠如して、日韓の交渉の主題が「債権・債務関係」の問題に矮小化されてしまっていることである。「徴用工判決」は、日韓条約の枠組みを規定するこうした講和条約体制そのものへの批判を示唆しているといえる。

日本で平成天皇が即位し、冷戦が終わった一九九〇年代、日本社会の歴史認識にようやく「河野談話」や「村山談話」、さらに「日韓パートナーシップ宣言」*などに象徴されるような変化がみられた。だが一九九〇年代の「談話」や「宣言」を通じて日本側が認めたのは、植民地支配の「道義的責任」であって、「韓国併合」が合法的だとする日本政府の立場に変わりはなかった。

＊正式には「日韓共同宣言――二一世紀に向けた新たなパートナーシップ」。一九九八年に、当時の金大中大統領・小渕恵三総理の間で交わされた。日本側が「韓国国民に対し植民地支配により多大の損害と苦痛を与えたという歴史的事実」を改めて確認した。

しかも、日本の植民地主義は根深く、九〇年代の「道義的責任論」でさえ、これに危機感を抱いて反発する歴史修正主義の機運が高まり、二〇〇〇年代以降は、後者の流れが前者を圧倒しはじめる。そして二〇一九年、そういう日本社会がポストろうそく革命の韓国社会と向き合うことになった。歴史認識をめぐる溝はかつてなく深い。つまり韓国の市民社会が植民地支配の道義的責任を超えて法的責任を求めるまでに至っているのに対して、歴史修正主義の主流化した日本は、事実上、「村山談話」や「日韓パートナーシップ宣言」に象徴される九〇年代の達成を帳消しにして、植民地支配をめぐる道義的責任すら認めない地点に後退している。

日韓慰安婦合意

二〇一九年、日韓両国は戦後最悪といわれる関係悪化を経験した。だが、文在寅自身の外交政策の基調は、あくまでも朝鮮半島の平和プロセスの推進を軸に、米国はもとより日本とも共同歩調をとろうとするものだった。「日韓パートナーシップ宣言」での達成を拠り所に、日本とのトラブルは極力避けたいというのが文在寅の本音であった。事実、平和プロセスが劇的な進展をみせた二〇一八年、文在寅政権は、事態の進捗がある度に「特使を派遣し、日本と情勢を共有しようと努めた」といわれる（南基正「一九六五年体制と今後の韓日関係――韓国からの提言」）。

じつは、対日強硬論者とされがちな盧武鉉も、政権発足から間もない二〇〇三年六月に早々と訪日して当時の小泉純一郎首相と、「日韓パートナーシップ宣言」に依拠する未来志向の関係構築を誓い合っている。盧武鉉政権が推進したＦＴＡの最初の交渉相手として選んだのも日本であった（二〇一三年一二月交渉を開始したが一四年一一月に中断）。

二〇〇四年七月の日韓首脳会談（済州島）では、小泉首相との共同記者会見の席上、盧武鉉は「両国の国民感情が異なるため、両国政府の間で歴史問題への合意を形成することは難しい。したがって私の任期中には過去の歴史問題を公式の議題や争点にしないつもりだ」とさえ語っている。だが、小泉首相は毎年靖国神社への参拝をくりかえし、歴史教科書問題や独島＝竹島問題などをめぐる摩擦もあいつぎ、任期の後半には盧武鉉の日本への対応は強硬論に変わった（趙世暎『日韓外交史』）。

文在寅は、盧武鉉政権初期の対日協調重視の姿勢を基本的には継承していた。だが、一方で文在寅政権はろうそく革命を出自とする政権であり、日本との関係でもまっとうな正義を貫くことが求められた。そういう狭間にあって、文在寅は、政権成立直後から、二〇一五年一二月の朴槿恵・安倍晋三両政権の間で交わされた日本軍慰安婦犠牲者問題の日韓合意の扱いという難題に直面した。

日韓合意は、日本軍慰安婦犠牲者に「日本政府は責任を痛感し」、安倍首相が「心からおわびと反省の気持ち」を表明する、さらに元慰安婦のための「和解・癒やし財団」に日本が一〇億円を拠出する、というものだった。歴史修正主義で固められた安倍政権から引き出した合意としてはこれ以上望みえないような内容が盛り込まれていた。だが、日本政府の法的責任が明示されなかったうえに、合意が「最終的かつ不可逆的」な解決とされたこと、韓国政府が慰安婦少女像の撤去に努め、慰安婦問題についての国際社会での非難を控えるといった付帯条件がつき、これが韓国の元慰安婦当事者や関連団体の反発を招いた。日本では右翼や歴史修正主義者からの猛烈な反発があった。

二〇一六年三月には、元慰安婦やその遺族らが日韓合意について憲法裁判所に違憲訴訟を起こした(二〇一九年一二月に棄却の判断が出ている)。ろうそくデモの現場でも日韓合意を朴槿恵政権の「積弊」とする批判が噴出していた。文在寅もこうした市民社会の機運に応えて、公式に被害女性や関連団体代表を青瓦台に招くなど日本軍慰安婦被害者に寄り添う姿勢を明確にした。

こうしたなかで積弊清算のリスト（第3章表7）にも記したように文政権は、七月、日韓合意のプロセスと内容を検証するための慰安婦合意検討TF*を外交部に設置◇した。

＊正式には「韓日日本軍慰安婦被害者問題合意検討タスクフォース」（呉泰奎座長）。

二〇一七年一二月、検討TFは五カ月近くの調査を経て検証報告書を発表した。報告書は、日韓合意が「道義的」などの修飾語抜きで「日本政府が責任を痛感した」点を評価しつつも、「法的責任」の認定を「引き出せなかったこと」、そして何よりも交渉過程で被害当事者の意見が取り入れられなかったことを問題にした。

だが、交渉過程で肝心の被害当事者の意見を聞かなかったという点については、「実際には政府当局者が十数回、被害者側と会い、意見を交渉にも反映させた」（箱田哲也『朝日新聞』二〇一七年一二月二九日）という反論もある。少なくとも、日韓の運動関係者の間で日韓両政府の交渉過程や、軍慰安婦犠牲者に対する日本の「責任」への言及や安倍首相の「謝罪」があるとの情報はある程度、事前に共有されていたであろう（和田春樹『慰安婦問題の解決に何が必要か』）。

検討TFの調査結果を受けて文在寅は、二〇一八年一月、「被害者中心アプローチ」という見地から日韓合意を批判し、合意の破棄・再交渉は求めないものの、事実上、これを空文化させる措置をとった。「和解・癒やし財団」もその年の一一月に解散した。

歴史はいつも紙一重である。もし文在寅と朴槿恵が争った二〇一二年暮れの第18代大統領選挙で文が勝利し、同じ合意が文と安倍の間で結ばれていたとすれば、合意はもっと祝福されていたかもしれない。だが、合意は、ろうそく革命の熱気に呑みこまれて「積弊」として葬り去られるほかなかった。

もちろん、これに対して日本側は激しく反発した。二〇一八年二月の平昌で開かれた日韓首脳会談で安倍は合意の完全履行をつよく求めた。韓国側は安倍訪韓を再三求めていたが日本側はこれに応じなかった。そもそも安倍にとって合意は不本意であったに違いない。粘り強い日韓の市民運動による世論の喚起があり、政府部内でも谷内《やち》正太郎国家安全保障局長(当時)が合意を強く説得したといわれる(『朝日新聞』二〇二〇年八月三〇日)。合意を嫌う取り巻きの右翼や歴史修正主義者からの横やりも激しかったであろう。安倍はそういう周囲の制止を振り切って合意に踏み切った。それだけに合意を反故にされたことへの安倍の衝撃や怒りは想像に難くない。それは文政権下の韓国に対する、その後のほとんど常軌を逸した対応の伏線となった。

二〇一九年の日韓関係

二〇一九年の日韓関係は、「徴用工判決」を国際法違反だとする日本政府の韓国に対する輸出規制と、これに対する韓国での日本製品不買運動やGSOMIA(韓日軍事情報包括保護協定)破棄宣言など、両者の応酬のつづく極限的な対立の様相を呈した。七月、日本政府は、半導体素材三品目＊の対韓輸出規制強化を発動したのに続いて、韓国を輸出手続きの優遇対象国（いわゆるホワイトリスト）から除外する政令改正を閣議決定した。韓国では日本のこの措置を「徴用工判決」に対する報復、貿易戦争の宣戦布告として受け止め、八月、韓国は、報復措置としてGSOMIAの破棄決定を日本に通告した。

＊スマートフォンなどの画面に使う「フッ化ポリイミド」、半導体用の「レジスト」と「フッ化水素」の三品目。

日本側が仕掛けた貿易戦争であったが、日本経済が受けた損失も少なくなかった。韓国の七〜一〇月の対日本輸出は前年同期の一〇一億九〇〇〇万ドルから九四億八〇〇〇万ドルとなり、七パーセント減にとどまったが、同じ期間の日本の対韓国輸出は約一五〇億一〇〇〇万ドルで前年同期より一四パーセント減で、減少率の幅は韓国の二倍になった。日本の措置に抗議する不買運動のあおりをまともに受けた自動車、ビールなど日本の主力品目の韓国での売り上げが急減した。二〇一九年一〇月には日本を訪れた韓国人旅行者数は、前年同月から六五パーセントも減り（『朝日新聞』二〇一九年一一月二〇日）、一部の地方経済に深刻な打撃を与えた。

さらに輸出規制は逆に当該品目を製造する日本企業に打撃を与えた。とりわけフッ化水素対韓輸出は財務省の貿易統計によると、かつての月二〇〇〇〜三〇〇〇トン規模から規制強化の翌月はゼロに急落。二〇二〇年五月でも前年同月比八割以上の減少となった（『朝日新聞』二〇二〇年七月二日)。

日本の輸出規制は、大財閥主導で、素材・部品・装備を日本など海外に依存しながらもっぱら量的拡大に重きを置いて成長した韓国経済の体質改善の好機となった。文在寅大統領は、七月、国内大企業三〇社の総帥やCEOを青瓦台に呼び、日本の輸出規制に対処するための政府レベルの支援を約束した。と同時に重要素材・部品・装備(素部装と略称される)の国産化に向けて中小企業との連携を一層拡大することを求めた。

そうした努力の甲斐あって、二〇一九年末には、日本が輸出規制に及んだ素材三品目のうちの最も重要とされる液体フッ化水素の国産化にこぎつけた。一〇月の国会施政方針演説で早くも文在寅は「数十年かかってもできなかった我が国の素材・部品・装備産業の国産化と輸入多角化が(日本の輸出規制措置の発表から)わずか一〇〇日目で意味のある成果をあげました。大企業が率先して中小企業に手を差し出し共に手を取り合い、国民の応援で潜在していた私たちの科学技術が羽ばたきました」と、日本との貿易戦争に打ち勝つ自信をのぞかせた。

だが、一方でGSOMIAの破棄決定については、米韓日の軍事的連携を中国に対抗するアジア太平洋戦略の要として重視する米国の反発を招いた。ポンペオ国務長官など米高官は相次いで韓国政府の発表に遺憾の意や不快感を表し、結局、文在寅政権はGSOMIA失効ぎりぎりの局面で破棄の猶予を発表した(一一月)。

米国は、歴史問題をめぐる理不尽な輸出規制に発する日韓の対立を静観するばかりで、韓国側はこうした米国の姿勢に不満を募らせていた。オバマ政権時代の米国は、日本の歴史修正主義に対して一定の警戒心を示していた。オバマ大統領は二〇一四年、日本に次いで韓国を訪問した際、「慰安婦」問題について「ひどく甚大な人権侵害」であると明言していた(『聯合ニュース』二〇一四年四月二五日)。トランプ政権下の米国では「歴史問題」や「人権」への関心は皆無にひとしく、韓国政府のＧＳＯＭＩＡの破棄決定はこうした米国への不満の意味も込められていたであろう。

いずれにしても日韓の対立がアジア太平洋の安全保障にまで及んだことで米国も動かざるを得ず、日韓の双方に水面下で強い圧力をかけたことが窺える。けっきょく、韓国はこの問題でも韓米同盟の枠組みによって主権国家として判断に制約を受けざるを得なかったといえる。

この破棄猶予の発表以降、一二月の中国・成都での日中韓首脳会談などがあり、ひと頃の極限的な対立状況からやや宥和的な局面に移りつつある気配もみえた。だが、コロナ禍のなかで日韓の対立は凍結されてしまったかのように解消の兆しは見えない。

すでに述べたように、そもそも金大中・盧武鉉、さらに文在寅といった韓国の進歩派政権にしてもその本音は一九九〇年代の達成、すなわち「日韓パートナーシップ」の線での日韓関係の維持や改善であったといえる。日韓の企業や国民から幅広く寄付を募り、元徴用工への補償に充てるという「1＋1＋α」（「記憶・和解・未来財団」）などの妥協案も、公式、もしくは非公式のルートを通じて日本側に提示されているといわれるが、これもそうした方向に即した妥協案であるといえる。

だが、それは一九九〇年代の道義的責任に基づく関係に立ち返ろうとするものであり、いまや植民地支配の法的責任を問いつつあるポストろうそく革命の韓国社会との乖離は避けられないかもしれない。かりにそうした妥協による日韓両政府の関係改善が実現したとしても、それは不安定で危ういものとならざるをえない。

終章

コロナ・パンデミックを越えて

第1節　試される国家と市民社会

経済民主化

第1章第2節で述べたように、一九九七年のIMF管理下の構造改革を経て、韓国社会は、財閥企業主導のグローバル展開と競争力強化を第一の課題とする開放経済体制に移行した。この一九九七年体制のもとで韓国経済は、一九九七～九八年の未曽有の通貨危機を乗り越えて、GDPは九八年の三八四〇億ドルから二〇一七年の一兆六二三三億ドルと四・二倍に膨らみ、世界でも有数の経済大国に成長した(世界ランク一二位)。一人当たりの国民所得も同じ期間に三万ドルを超え、日本に迫るレベルに達している(二〇一九年の購買力基準では日本の一人当たり国民所得を追い越している)。

だが、一九九七年体制の展開は、「サムスン共和国」「財閥共和国」と称されるように財閥の韓国経済に対する支配力を一段と強め、格差や貧困といった社会的危機を蔓延させた。

実際、上位三〇の大財閥の資産規模が韓国のGDPに対して占める比率は、二〇一六年時点で一九八七年の二倍近くにも及んでいる（魏ピョンリャン「財閥への経済力集中──その動態的変化と政策的示唆点」）。九七年にはＩＭＦ管理下の構造改革で、それまでの三〇大財閥のうち一六社が解体されたため、その比率は落ち込みを見せた。しかしその後の二〇一二年までには、ＧＤＰの拡大レベルよりも速いペースで財閥への富の集中が起こった。二〇一二年以降は造船企業や建設大手の倒産があって横ばいとなるが、大財閥に頼った経済発展という面では保守政権も進歩政権も変わりがないという実態がうかがえる。

ろうそく革命によって成立した文在寅政権にとっては、こうした歪《いびつ》な経済構造を改革する「経済民主化」が課題となった。政権成立直後に提起された「一〇〇大国政課題」において示された文在寅政権の経済政策は、「所得主導成長」「革新成長」「公正経済」という「三つの軸」に集約される。文在寅はこの三つの軸を説明しながら、包容的成長（Inclusive Growth）を意味する「所得主導成長」と「公正経済」は、「新自由主義と対比される概念」（『アジア経済』二〇一八年七月二四日）だと述べている。

所得主導成長の核心は、非正規雇用や失業など不安定な雇用・労働状況に置かれた労働者（いわゆるプレカリアート）の所得やセーフティネットを改善して所得分配率を高め、これを通じて有効需要を創出し経済成長にも結びつけるという考え方である。重点は、家計の実質可処分所得を増大させることであり、この点で目玉の政策とされたのが最低賃金の引き上げであった。

具体的には、二〇一七年時の六四七〇ウォンを二〇二〇年までに一万ウォンに引き上げるとした。

他方、公正経済の実現は「経済民主化」の核心をなす課題であり、財閥経営のガバナンスの改善や、行き過ぎた労働市場の柔軟化を緩和する方策がとられた。サムスンを筆頭に現代・SK・LGなどの大財閥は、総額八〇〇億ウォンに上る資金をミル財団・Kスポーツ財団に供与したと指摘されており、ろうそくデモでは「財閥も共犯」「財閥総帥を逮捕せよ！」などのスローガンも叫ばれた。その間サムスンの事実上のトップである李在鎔《イジェヨン》副会長やロッテの辛東彬《シンドンビン》会長が逮捕された。しかし両者の処罰は、朴槿恵・李明博からの賄賂を受け取った側の人たちに比してはるかに軽い、執行猶予付きの有罪にとどまる可能性が高い。

財閥ガバナンスの改善については、主として、少額株主の権限を拡大し、理事会や監査役員の独立性や実効性を高めることで総帥一族の専横を阻み、循環出資*も解消しようとする方向が提起された。だが、それ自体はすでに朴槿恵時代から提起されていたことであり、目新しいものではなかった。また、法案自体も野党や財界の抵抗にあって第20代国会では成立しなかった。

＊主要な系列企業が順繰りに株式を持つ韓国財閥の特異な資本構造。創業家一族が少ない持ち株でグループを支配し、次の世代へ継承するための梃子とされている。

労働市場については、朴槿恵政権が強行した「低成果者解雇制」（第1章第3節参照）などの雇用制度の改悪が、二〇一七年九月に公式に廃棄された。これを受けて韓国労総と民主労総の二大労組は、二〇一八年一月、文在寅政権が新たな労使政の協議の枠組みとして立ち上げた経済社会労使政委員会代表者会議に参加する決定を下した。さらに文在寅政権は「公共部門非正規職ゼロ」を宣言した。二〇二〇年までに非正規職二〇万五〇〇〇人を正規職に転換させるというガイドラインを設定し、二〇一九年六月までに九割を実現したとされる。

「右クリック」

韓国の統計庁によると、韓国経済は一九七二年三月から二〇一三年までに、約四四カ月を周期として一〇回の景気循環を経ている。さらに二〇一三年三月から一一回目の景気循環が始まり、その景気の頂点が二〇一七年九月であったとされ、その後は景気が下降局面に入ったという。実際、二〇一八年の後半になると、米中貿易対立による輸出の伸び悩みともあいまって、景気後退が雇用率の悪化など具体的な数値に現れるようになる。「曺國事態」とも重なって、文在寅の国政支持率も四〇パーセント台での低迷が始まる。

文在寅政権は、こうした景気の低迷を打開するために、「公正経済」から「革新成長」への政策的重点の転換や規制緩和措置を打ち出した。

二〇一八年七月、産業通商資源部はサムスン・LGなど一二社の財閥CEOと懇談し、規制

表10　名目GDPに対する財閥の資産総額の比率（%）

	2015年	2016年	2017年	2018年	2019年
30大財閥	86.6	85.8	86.4	87.3	91.3
10大財閥	70.3	69.7	70.7	71.4	74.4
5大財閥	56.0	56.0	57.3	58.1	59.7

出所：ソウル大学校市場と政府研究センター

緩和と税額控除の拡大、弾力的勤労時間制の拡大など財閥側の要求に応じることを約束した。

さらに、医療機器認可規制の簡素化など医療分野の規制緩和、バイオ分野の規制緩和などが相次いで表明された。また規制については「包括的ネガティブ方式」への転換の方向が明らかになった。さらに経済界が要求してきた「規制フリーゾーン特別法」*やインターネットバンクへの財閥企業の参入を可能にする規制緩和措置などもとられた。この一連の規制緩和措置は、「右クリック」（政策を財閥寄り、もしくは親米保守の方向に移行させるという意味）と非難されることになる。

＊地域の戦略産業育成のために規制を緩和する特例を定めるというもの。正式には「地域戦略産業育成のための規制フリーゾーンの指定と運営に関する特別法」。

最低賃金制についても、二〇一八年には一六・四パーセントアップと、二〇二〇年の一万ウォンに向けて大幅に引き上げられたが、急激な上昇が中小企業の経営を圧迫し、失業を増大させるという批判が高まった。これについても二〇一八年五月には、賞与と福利厚生費を最低賃金に加えて算定するという妥協策をとった。さらに、週六八時間を週五二時間（四〇時間＋延長可能勤務時間一二時間）とする勤労基準法改正案を成立させながら、弾力勤務制の適用範囲を拡大して経済界の要請にも応えている。

文在寅政権の内部でこうした積極的な規制緩和措置の旗振り役の一人となったのは、金尚組《キムサンジョ》公正取引委員長であった（二〇一九年六月からは大統領秘書室政策室長）。参与連帯出身の金は、財閥改革・経済民主化のエースとして公正取引委員長に任命された。かつては「財閥の死神」とまで言われた人物であった。同じ参与連帯出身で正義党政策委員長の朴元錫◇はこうした金尚組に対して「立ち位置が変わると風景も変わるというのだろうか、公務員が出しゃばりすぎる」と厳しく批判している（『京郷新聞』二〇一八年七月一一日）。

二〇一八年九月、ＯＥＣＤは五月に三・〇パーセントとしていた韓国の成長予測を〇・三ポイント下方修正して二・七パーセントとした。実際には二・九パーセントとやや持ち直したが、二〇一九年には二・〇パーセントに落ち込んだ。その間、財閥への富の集中は一段と進み、また政府の努力にもかかわらず非正規職の比率も失業率もわずかであるが拡大

表 11　非正規労働者比率と失業率（%）

	非正規職勤労者比率			失業率
	男	女	全体	全体
2010	26.9	41.7	33.2	3.7
2011	27.7	42.9	34.2	3.4
2012	27.0	41.4	33.2	3.2
2013	26.4	40.6	32.5	3.1
2014	26.4	39.9	32.2	3.5
2015	26.4	40.2	32.4	3.6
2016	26.3	41.1	32.8	3.7
2017	26.3	41.2	32.9	3.7
2018	26.3	41.4	33.0	3.8
2019	29.4	45.0	36.4	3.8

出所：統計庁

傾向にあり、少なくとも「包容経済」に相応しい成果は表れていない。

任期の折り返し点を過ぎたところで噴出した、同じ進歩派からの批判や経済不振に、文在寅はある種の既視感を覚えたかもしれない。盧武鉉の任期の折り返し点での支持率は三四パーセントだったが、その後、二八パーセント（三年目の第三四半期）と三〇パーセントを切り、四年目の後半には一〇パーセント台（韓国ギャラップによると第三四半期は一六パーセント、第四四半期は一二パーセント）と完全にレームダックとなった。それは盧武鉉とともに歩んだ文在寅にとっても悪夢のような体験であった。

政府は、二〇二〇年の経済成長率を二・四パーセントと、強気の見通しを示したが、国・民間のシンクタンクからは、経済が一時回復してもまた沈滞局面に陥る「ダブル・ディップ」現象が起きるとの憂慮も示された（『韓国経済』二〇一九年一二月九日）。こうして、二〇二〇年四月の総選挙を控えて文在寅政権がまさに正念場を迎えつつあるとき、韓国社会は予想もしなかった異変を経験することになる。

コロナ・パンデミック

「新天地イエス教会」*の信徒に発する新型コロナウイルス（韓国での呼び方はコロナ19）の感染者が急増しつつあった二〇二〇年二月二五日、文在寅は急遽、大邱を訪れ、大邱地域特別対策会議を自ら主催した。その日までに九〇〇人近くにふくらんでいた全国の感染者の八割以上(七三一人)がこの大邱・慶北から出ていた。教育部、行政安全部、保健福祉部など関連する政府閣僚も文在寅に同行した。さらに、コロナ危機に対応して中央災難安全対策本部長についた丁世均国務総理がこの日から大邱で陣頭指揮をとることになった。

＊一九八四年に李萬熙《イマンヒ》によって創設された新興宗教団体。ヨハネ黙示録の独特の解釈によって新しいエルサレム建設を掲げる。カトリックはもちろんプロテスタントからも異端視されているが、会員数は二〇万人余り(海外会員はその一割ほど)に上るといわれる。

大邱・慶北は朴正煕・朴槿恵父娘の地元であり、保守・右翼の牙城として知られる地域である。すでに述べたように、与党「共に民主党」は直近の統一地方選挙(二〇一八年六月)で、一七の広域自治体のうちソウル・京畿道など首都圏をはじめとした一四を席捲した。だが、この大邱市長と慶北道知事だけは保守の自由韓国党が死守した。そういう土地柄であるうえに、二月二四日午前の記者会見で与党の副報道官が大邱市の「都市封鎖」について口走った(実際には封鎖ではなく「感染伝播の遮断」)ことが、保守右派や大邱市民から猛反発を買っていた。そういうなかで文在寅は大邱行きを決め、感染拡大に揺れる大邱市民の不安を鎮めようとした。

文在寅は大邱での会議の席上、「問題は時間と速度」だとして、医療資源はもとより軍や警察まで投入して全力で事態の収拾にあたることを約束した。「汎国家的」とか「総力支援」といった言葉が繰り返され、大邱・慶北住民への最大限の配慮が示された。大邱での感染状況は、その後、曲折を経ながらも概ねその「約束」通りに推移した。主に大邱・慶北地域からなる感染者数は、二月二七日の八一三人(全国)をピークに、三月一二日以降は一〇〇人前後で推移し、「新天地」に発する大邱の感染拡大はひとまず収束した。

韓国政府にとって、大邱での感染拡大は想定外のことであった。中国の武漢で感染拡大が続いた一月、韓国で最初の感染者が出たのは同月二一日で、その日から二月一一日までの二〇日間の感染者数はわずか二八人だった。その翌日から一五日まで感染者はゼロ、一六日から一八日までは一日当たり一人という状況だった。このため韓国政府は事態を甘くみており、出入国管理など初期対応に不手際があったことは否めない。文在寅自身も二月一三日の商工会議所での懇談で「コロナ19は遠からず収束するであろう」(『毎日経済』二〇二〇年二月一三日)という楽観論を語っていた。

ところが、二月一九日の二〇人を皮切りに大邱の感染者がいわば幾何級数的に拡大し、韓国社会は「新天地イエス教会」という思いもよらぬ難題に直面した。二〇万人余りの信徒を擁するこの新興宗教集団の、閉鎖的で防疫規則などお構いなしの礼拝や布教の方式が感染拡大の温床となった。この「新天地」は、激烈な競争社会のなかで拠り所を失って孤立した二〇代前後の若者の多くを引きつけていた。新型コロナは、こうして図らずも韓国社会が抱えるひずみを浮き彫りにした。その後もそれは、まるで知恵をもった生き物のように、労働環境の劣悪なコールセンターや物流センターといった、底辺で埋もれていた社会の歪みを次々と明るみに出した。

だが、大邱での大量感染が明らかになってからは、大邱訪問の決断がそうであるように、きわめて迅速で柔軟な対応が目立った。独立的な機能をもつ疾病管理本部をコントロールタワーとして、行政安全部、教育部、外交部、さらに地方自治体など、縦割りを排した協力関係が文在寅政権下で整備されていった。新型コロナ感染をめぐるあらゆる情報が疾病管理本部に集約され分析され、毎日のブリーフィングを通じて国民に公開された。疾病管理本部長（次官級）の鄭銀敬《チョンウンギョン》は、感染対策のエースとして二階級特進により就任した初の女性本部長である。鄭銀敬の落ち着いた、きめ細かな対応は、国際的にも脚光を浴びた。文在寅政権を批判する保守野党や言論も、鄭銀敬への批判は控えるほかなくなっていた。

ＰＣＲ診断キットの早期承認や生産支援、ドライブスルーなどＰＣＲ検査方法の刷新、それらによって実現した積極的で大量のＰＣＲ検査、軽症者や無症状者を収容する生活治療センターの整備、さらにはクレジットカードや情報端末を利用した感染者の移動経路追跡システムなど、韓国政府の迅速にして透明かつ柔軟な対応は、「韓国方式」として世界的に注目された。「韓国人は民主主義がウイルスにどのように対応すればよいのかを示した」（ドイツ、『シュピーゲル』二〇二〇年三月一二日)、「個人の強い責任感と共同体意識が感染率を軽減させるのに役立った」(イギリス、『テレグラフ』三月一五日)、「開放性と透明性が生んだ国民の信頼に基づくきわめて高い市民意識と自発的な協力」(アメリカ、『ワシントン・ポスト』三月一七日)、「韓国は中国のように表現と移動に厳格な制限を加えたり、ヨーロッパ諸国やアメリカのように経済的被害をもたらす閉鎖措置を採ったりせずに、新規感染者数の拡大を抑えることができた」(アメリカ、『ニューヨーク・タイムズ』三月二四日)など、国際的に名の知れた有力メディアが連日のように報じた。WHO(世界保健機関)も韓国が「画期的な検査戦略を開発した」と称えた。

こういう韓国の感染対策の評価の背景には、米国や日本の初期対応の躓きがあった。そもそも韓国の疾病管理本部は、米国のCDC(米国疾病予防管理センター)をベンチマークとして設立されたといわれている。ところが、トランプ大統領の甘い認識はさておき、初動段階で各地の研究機関や専門家が早期で広範囲の検査の必要性を訴えたにもかかわらず、CDCも連邦政府も聞く耳を持たなかった(古谷有希子「コロナパンデミックにおける日米韓の対応能力比較」)。

日本に至ってはそもそもCDCのようなコントロールタワーを持たず、地域の保健所と、厚労省内に専門家を交えて設置された「クラスター班」が初期の対策を主導した。しかも、クラスター班班長の押谷仁(東北大学大学院医学系研究科)は、「クラスターさえ抑えていれば」、感染拡大は「ある程度は制御できる」、むやみにPCR検査を広げるのは院内感染を起こして危険だ、との考えを示していた(二〇二〇年三月二二日放送の『NHKスペシャル』での発言)。巷間で言われたような、オリンピックのために検査数を抑えたという明白な証拠はない。だが感染対策が、日韓関係や憲法問題など、「官邸主導」や「忖度」といった安倍政権の政策形成に特有の不透明さや歪みに全く左右されなかったとは言えないだろう。

新型コロナへの韓国の対応は、日米に比べて抜きん出ていただけではなく、朴槿恵政権期のセウォル号の惨事や、二〇一五年に流行したMERS(中東呼吸器症候群)などへの対応と比べても際立っていた。セウォル号の悲劇から目を背け続けた朴槿恵政権はMERSへの対応でも失敗した。中東以外の地域でMERSウイルスが猖獗をきわめたのは韓国だけであり、結局、サウジアラビアに次ぐ世界で二番目に多い犠牲者(感染一八六人、死亡三八人)を出した。

当時、韓国政府は院内感染を起こした大病院(サムスン・ソウル病院)の感染実態を公表せず、ソウル市長の朴元淳が独自の判断でこれを明らかにした。そうした朴槿恵政権の隠蔽体質は国際的にも非難を浴びた。当時、日本の国立感染症研究所や、香港の衛生防護センターは、「韓国の不透明な態度によって自国が脅威にさらされている」と非難した(『京郷新聞』二〇一五年六月八日)。『ワシントン・ポスト』は「ワクチンと治療法のないこの病気に対する(韓国)当局の対応は余りにも遅い」と非難し(六月四日)、『ニューヨーク・タイムズ』も「韓国政府の応急対応の不手際が、セウォル号以後韓国国民の間に生じた恐怖感だけではなく政府に対する深い懐疑心を生んでいる」と非難した(六月七日)。

鄭銀敬は、当時、疾病管理本部の疾病予防センター長としてMERS対策にあたったが、十分な権限や情報を与えられないまま対策の最前線に立たされた。そのうえ、当時の保健福祉長官と対立し減俸処分を受けている。そういう苦渋の経験が韓国の防疫体制の整備や徹底した情報公開の取り組みへの執念を生んでいた。大量のPCR検査を実現した防疫体制には、対応する医療施設をはじめ、検査を担う人員、KN95マスク、感染防護服、医療受給を管理するITシステム、感染経路追跡のための社会インフラ、そして入念な計画・準備といった、相互に有機的に関連する機材や手立てが求められる。MERSを経験した「韓国は疾病対策本部が中心になっていつかパンデミックが起こるであろう事態を想定して、時間をかけて準備を整えた」とされる(前掲、古谷有希子)。二〇二〇年九月には、疾病管理本部は疾病管理庁に昇格し、鄭銀敬が初代疾病管理庁長に就任した。

第21代総選挙

新型コロナをめぐる日韓の対応において際立っていたのは、中央政府と市民社会とのコミュニケーションや政策形成の透明性の違いであった。セウォル号の悲劇やろうそく革命に根差す透明で開かれたガバナンスはコロナ禍の対応に遺憾なく発揮され、低迷気味であった文在寅の支持率のアップに結び付いた。

感染の第一波の抑え込みに成功しつつあった二〇二〇年三月中旬には、すでに紹介したように韓国のガバナンスや市民社会の達成を称える海外報道が相次いだ。そういう外からの評価が、文在寅の支持率を引き上げるうえで決定的であった。二〇一八年九月の平壌会談以降、四〇パーセント台で低迷していた文在寅の支持率は、三月下旬には五〇パーセントを超えて、二〇二〇年四月一五日に予定されていた選挙の直前には、まるで計ったかのように六〇パーセントに迫るレベルにまで回復し、不支持率は三三パーセントにまで減少していた。

四月一五日に実施された第21代総選挙は、文在寅政権にしてみれば「積弊の清算」、もしくは「ろうそく革命の継承―完遂」という課題の行く末をかけた重大な選挙であった。しかも、新型コロナ感染は収束しつつあったとはいえ、四月初めになっても毎日一〇〇人近い感染者が出ていた。

選挙は厳重な防疫体制の下で大過なく実施された。そればかりか、投票率六六・二パーセントと二八年ぶりの高水準で、ろうそく革命以後の民主主義の高い達成を示して国際社会を驚かせた。

文在寅の高い支持率は選挙結果にも反映した。与党民主党が系列の比例政党「共に市民党」と合わせて一八〇議席（三〇〇議席中）を獲得する大勝利を収めた。与党の占めた五分の三の議

表12　第21代総選挙結果

党派	地域区		比例代表		議席数計
	得票率	議席数	得票率	議席数	
共に民主党	49.9%	163	―	―	163
共に市民党	―	―	33.35%	17	17
未来統合党	41.5	84	―	―	84
未来韓国党	―	―	33.84	19	19
正義党	1.7	1	9.67	5	6
国民の党	―	―	6.79	3	3
開かれた民主党	―	―	5.42	3	3
無所属	3.9	5	―	―	5
計	―	253	―	47	300

出所：中央選挙管理委員会

席は、特定の法案をファストトラック（第4章参照）に単独で指定することもできる議席数であった。積弊といわれた親朴派の議員が大量に落選し、選挙後、保守野党も親朴極右勢力を見限って、「合理的保守」や「中道」を軸とした再建を模索しようとする動きが目立っている。

ところで、この第21代総選挙は、比例区の四七議席のうち三〇議席については連動率五〇パーセントの準連動型比例代表制（第4章第2節参照）で競われた。つまり、例えばAという比例区で五パーセントの票を得るミニ政党があったとすると、連動型であれば一五議席が配分される。もし比例区で三人の当選者を出していれば一二議席の配分となる。正義党は、当然、一〇〇パーセント連動型を求めたが、交渉の過程で五〇パーセントに縮小され、しかも上限三〇議席のキャップがかけられることになった。それでも正義党は一〇パーセント近い票を得て議席を倍増か、もしくは一〇人近い当選を出すことができると見込んでいた。

ところが、こうした選挙制度改革に猛烈に反対していた保守野党の未来統合党が、この選挙制度のいわば盲点をついて、地域区には候補を出さずに比例のみの当選を目的とする衛星政党（未来韓国党）を立ち上げた。選挙制度改革の趣旨に反する「コムス（いかさま）」だという反発にもかかわらず、中央選挙管理委員会は「未来韓国党」の政党登録を承認した。

「共に民主党」も、準連動比例区の大半を未来韓国党に奪われる可能性もあったことから、衛星政党（共に市民党）を立ち上げる以外になかった。「共に市民党」は、「共に民主党」が事実上公認したミニ政党で選挙後、統合した。表にある「開かれた民主党」は、文在寅支持を明確にしているが、「共に民主党」からの公認はなく、選挙後も独自の政党活動を維持している。正義党は結局、地域区では京畿道高陽市で出馬した沈相奵《シムサンジョン》のみの当選にとどまり、比例区とあわせて六議席と現有議席数を確保するにとどまった。

積弊といわれた親朴派の勢力の国会での後退は明らかとなったが、言論や検察などに目を向けると依然として積弊清算の課題は尽きない。不透明な経済状況が続くなかで、バックラッシュの可能性もないわけではない。だが、選挙を通じて、韓国社会のメインストリームが、反共や経済成長優先の保守・右派から進歩派へと変わり、人権と民主主義、公正と正義が市民社会の公準として根を据えつつある。

その一方で、多様な少数政党の国会進出をもくろんで改正された選挙制度は、事実上骨抜きにされた。ろうそくデモで噴出した市民社会の多様な価値や志向性をいかに受け止めるのか、そのことが、いまや主流となった進歩勢力への重い課題として突きつけられている。

第2節　新しい経済社会への模索

ベーシック・インカム

第21代総選挙の敗北によって国会での足場を失いつつあった、全光君《チョングアンフン》牧師の「サラン第一教会」などプロテスタント右派勢力は、文在寅政権に対する街頭での抗議行動に活路を見出そうとした。太極旗部隊など大規模な動員力をもつプロテスタント右派勢力は、二〇二〇年八月一五日の光復節に光化門広場での大規模集会を計画し、疾病管理本部やソウル市の警告を無視してこれを強行した。移動通信三社(SKテレコム、KT、LGユープラス)の周辺基地局における接続者情報による推定では、この日の光化門集会の参加者は五万人にのぼる(『中央日報』二〇二〇年八月一九日)。

韓国での新型コロナウイルスの感染者数は、すでに述べたように二月の「新天地イエス教会」に発する第一波を乗り切って以降、二桁から一桁にまで減少して日常への回帰が言われる状況になっていた。だが、防疫ルールを無視した各地の礼拝などもあって、光化門集会と前後する時期から感染者が再び急増した。感染者数は八月二七日の四四一人をピークに、八月一四日から九月一九日までの三七日間連続して三桁台となり、サラン第一教会に関係する感染者も一〇〇〇人を超えた（『メディカル・トゥデイ』二〇二〇年九月八日）。新天地イエス教会に発する感染第一波が、行き場を失った若者たちの状況を浮き彫りにしたとすれば、サラン第一教会に発する第二波は、都市に生きる高齢者の孤独や不安を浮き彫りにしたといえる。

だが、この第二波も、検査・隔離・追跡の徹底した防疫体制に加えて、不要不急の外出禁止や教育現場での対面授業の禁止、プロスポーツ競技の無観客試合などをその内容とする、ソーシャル・ディスタンス「2・5」レベルの措置が功を奏してか、一〇月には収束に向かった。

二〇二〇年九月、ＯＥＣＤはその年の中間経済見通しを発表した。ドイツ（マイナス五・四）、日本（マイナス五・八）、フランス（マイナス九・五）、イギリス（マイナス一〇・一）など主要国は軒並み五パーセント以上のマイナス成長が見込まれるなかで、韓国はマイナス一・〇と、マイナスとはいえＯＥＣＤ諸国中一位の成長率であった。感染対策の成果が国民経済の浮き沈みさえも左右し、ひいては政権の成否を分けることにもなりかねない状況が生まれていた。

ところで、コロナ感染の第二波の拡大を受けて、第二次の緊急災難支援金の給付が課題となった。五月に支給された第一次の支援金は、一人世帯は四〇万ウォン、二人世帯は六〇万ウォン、三人世帯は八〇万ウォン、四人以上の世帯は一〇〇万ウォンが全世帯に支給されていた（永住権所持者以外の外国人には支給されていない）。二次については、全世帯支給か所得基準を設けた選別支給とするかをめぐって次期大統領有力候補といわれる李《イ》洛淵《ナギョン》「共に民主党」代表と李在明《イジェミョン》京畿道知事の間で論戦があった。結果的に選別支給とされたが、李在明は、感染の第一派に際して災難基本所得（一人二〇万ウォン）を京畿道で独自に支給した経験をふまえ、二次の災害支援金にはこの方式を全国に適用することを主張した。また、保守野党（九月、未来統合党から「国民の力」に党名を変えた）のトップ（非常対策委員長）の金鍾仁《キムジョンイン》が党の新綱領にベーシック・インカムを掲げた。このことから、ポスト・コロナ時代を意識したより現実味のある議論として、ベーシック・インカムが活発に議論されるようになった。

李在明は、基礎自治体の京畿道城南市長時代（二〇一〇～一八年）からベーシック・インカムの実験的な導入を試みているし、二〇一八年に京畿道知事となって以降は、青年基本所得政策を実施して国際的にも注目を集めている。人口一三〇〇万人の京畿道住民（住民登録所持者）のうち二四歳の住民約一四万人を対象に四月から四回に分けて一年間に一〇〇万ウォンを支給するという政策で、二〇一九年度から実施されている。京畿道のこの試みは、あくまでも実験的なものだが、「完全なベーシック・インカム」、つまり「普遍的、無条件、個人向け、定期的かつ生涯継続の現金移転政策の第一歩」として位置付けられている(岡野内正「地域住民から支持者を創り出す」)。

第四次産業革命の時代の波に乗って先端産業中心の開放経済の展開に活路を見出そうとする韓国経済にとって、新しい有効需要の掘り起こしの手段としてもベーシック・インカムは、期待をもって論じられている。一九九七年体制の隘路を克服するための手立てとして、ひいてはポスト・コロナ時代の経済社会の方向を探る議論として注目される。

社会的経済

李在明の京畿道がベーシック・インカムだとすれば、朴元淳のソウルは、社会的経済の世界的なメッカとして知られている。社会的経済とは、市場経済の競争原理にはなじまない課題や領域での、公共的な課題解決を目的とした市民社会主導の非営利・協同の取り組みをいう。「連帯経済」ともいわれ、社会的企業や、広くNPOなどが取り組む収益事業、マイクロ・ファイナンス、生産もしくは消費生活協同組合など多様な形態での展開がみられる。

韓国でも一九九七年体制の展開にともなう雇用や家族をめぐる社会的リスク構造の深刻化を背景に、「社会的企業育成法」(二〇〇六年)、「社会的企業振興院」(二〇一一年)、「協同組合基本法」(二〇一二年)など社会的経済の法整備がすすみ、非営利・協同の各種の取り組みが急速に拡大した。一九九九年に制定された前述の国民基礎生活保障法は、社会的経済の一形態ともいえる自活支援プログラムを盛り込んでいた*(金早雪『韓国・社会保障形成の政治経済学』)。だが、その対象は受給者(国民の三パーセント前後)の枠内での稼働層の自立支援に限られ、いわゆる「次上位層」(最低生活費の一二〇パーセントの収入を上限とする貧困層)など、この頃のドラスティックな構造調整によって巷にあふれ出た失業者や非正規労働者の大半は対象外となった。

＊一九九〇年代初頭に始まる都市貧民地域での生産共同体運動の取り組みを基盤に、国民基礎生活保障法の枠内に法的に位置づけたプログラム。各地に地域自活センターを設置し、就労可能な受給者の自立支援や自活共同体の運営支援を行うものとされている。

盧武鉉政権期には深刻化した雇用危機に対処するための市民社会と行政との協働の取り組みがすすみ、そうした取り組みの延長線上に「社会的企業育成法」が制定されていた。九〇年代後半の参与連帯での活動から、「美しい財団(美しい店)」(二〇〇二年創設)を経て、市民参加によるソーシャル・デザインをかかげ二〇〇六年に「希望製作所」を立ち上げていた朴元淳は、そうした取り組みを先導していた。

参与連帯の活動は、市民社会の側からの行政(政治システム)や企業(経済システム)に対する異議申し立てや監視・提案(アドボカシー)を主な課題としていた。だが、参与政府(盧武鉉政権)が成立し、一九九七年体制下の社会的危機が深刻化するなかで、市民運動が異議申し立てや監視にとどまらず、ときには政府・自治体や企業と協力しながら、貧困や失業などの社会問題の解決に乗り出すことが求められるような状況が生まれていた。「希望製作所」はこうした新しい時代の市民社会の役割を象徴していたといえる。

だが、李明博・朴槿恵とつづいたバックラッシュの時代には市民社会と行政の断絶が明らかとなり、権力に対する異議申し立てや抵抗の主体としての市民社会の役割があらためて問われることになった。ろうそくデモは、そういう市民社会の異議申し立てを劇的な形で実現したといえる。

二〇一一年にソウル市長となった朴元淳は、ソウル市社会的経済支援センターの創設（二〇一二年）、ソウル市社会的経済基本条例の制定（一四年）など、自治体行政の長という立場で、社会的経済という枠組みでの地域再生やまちづくりを精力的にすすめた。ソウルの動きと軌を一にして、忠清南道の社会的経済育成支援に関する条例（二〇一二年）をはじめ各地の自治体で社会的経済の条例化が進んだ。二〇一六年以降には、制定にこそ至っていないが、与野党がそれぞれ「社会的経済基本法案」を国会に発議もした（「共に民主党」はその後も毎年この法案を国会に発議し続けている）。

社会的経済支援の国際的な連携もソウルを中心に模索されている。二〇一三年にグローバル社会的経済フォーラム（GSEF）の第一回大会が開催されたのに続いて、翌年一一月にはグローバル社会的経済協議会の設立総会・記念フォーラムが、世界十数カ国の組織や自治体、国際機関から約五〇〇人、地元からのべ四〇〇〇人の参加を得て開催されている。ソウルからスタートしたGSEFの大会は、第二回(二〇一六年)がモントリオールで、第三回(二〇一八年)はスペインのビルバオ(バスク地方)で開催された。二〇二〇年にもウィズ・コロナ、ポスト・コロナの時代の社会的経済をテーマとするGSEFのオンラインによるヴァーチャル・フォーラムが一〇月に開催された。

　こうして社会的経済をめぐる取り組みが国の内外で展開するさなかの二〇二〇年七月一〇日、朴元淳はソウルの北岳山中で遺体となって発見された。自死とされている。その二日前に、朴の元秘書の女性が数年にわたって朴からセクハラを受け続けたとしてソウル地方警察庁に告訴していた。韓国性暴力相談所などMeToo運動の中心となった女性団体が被害を訴えた女性を支援し、真相究明やソウル市の責任を訴えているが、警察の捜査は、被疑者死亡による公訴権消滅ですすんでいない。

　朴の死が韓国の市民社会に及ぼした衝撃ははかり知れない。女性の訴えが事実であれば、許されることではない。だが、社会的経済の取り組み自体はいまや一個人の死に大きく左右されることなく、韓国社会にしっかりと定着している。

　文在寅政権は、社会的経済を国政課題の最重要課題として位置付け、青瓦台には社会的経済秘書官室が新設された。与党「共に民主党」には社会的経済委員会が設置されて、過半数を制した第21代国会での社会的経済基本法制定にむけた取り組みを本格化させている。

「韓半島新経済地図」

文在寅は、二〇一八年九月の平壌での首脳会談にサムスンの李在鎔をはじめSK、LGなど財閥総帥を同行させている。李在鎔は、朴槿恵に対する贈賄や経営権継承をめぐる不正などの容疑で裁判がすすんでいる最中でもあり、これについても進歩派内部から「右クリック」との批判の声があがった。

文在寅は二〇一七年七月の新ベルリン宣言において「韓半島新経済地図」構想という、南北がともに繁栄する経済協力のプランを示した。そこでは、「断絶した南北を経済ベルトで新しく」つなぎ、釜山からヨーロッパへとつなぐ鉄道や、南・北・ロシアを貫く天然ガスのパイプラインなど、「南北は大陸と海洋をつなぐ橋梁国家として共同繁栄する」という夢が語られている。

南北の和解と交流は、韓国経済を新しい発展の軌道に乗せる機会でもあり、財閥にとっても投資や市場の新しいフロンティアとなると期待されている。文在寅は、そういう南北経済交流の担い手としての財閥の役割や能力に期待をかけているといえる。

「韓半島新経済地図」構想は、同時期に国政企画諮問委員会が発表した「H字型経済ベルト」建設プロジェクトとして具体化されている。同プロジェクトは、還東海(日本海)圏、還西海(黄海)圏、そして非武装地帯という三つの地域を経済・平和ベルトとして開発し、これを周辺地域の経済と結びつけて北東アジア経済のハブとしようとするものである。エネルギー開発が中心となる還東海圏経済ベルトはロシア極東と日本にも連結する構想である。

この地域の開発は、経済制裁という制約があるものの朝・中・露の辺境貿易の展開としてすでにその萌芽が現れている。北朝鮮が経済特区として指定する羅津《ラジン》、第二期プーチン政権下のロシアがはじめて経済特区として指定したウラジオストック、そして中国政府が北東アジアの物流拠点として重視する琿春を結ぶ三角地帯の交流と開発がすすんでいる。この三角地帯に韓国の東海岸、日本の日本海側諸府県が結びついて、この地域がエネルギー・物流・観光の一大経済圏として発展する可能性がかねてから指摘されてきた。

もちろん、東北アジアの新たな経済秩序や経済圏に関する構想は、文在寅政権がはじめて提起したものではない。かつて盧武鉉は、韓国を北東アジア経済のハブ国家として位置づけていた。金正日との間で締結された一〇・四宣言(二〇〇七年)には「民族経済の均衡のとれた発展と共同繁栄のための経済協力事業」が盛り込まれ、北の鉱物資源の共同開発、開城工団第二期事業着手など多様な開発プロジェクトが合意されていた。

　さらに遡れば、冷戦が終わり、南北朝鮮の間で南北基本合意書が結ばれた頃(一九九一年)には、東海(日本海)を囲む諸国・地域は新しい経済圏をめぐる構想で沸き返った。国連開発計画(UNDP)も豆満江流域開発を第五次国連開発事業計画(一九九二〜九六年)として策定し、この地域の開発に乗り出した。日本でも新潟・京都など日本海側の諸府県で「還日本海経済圏」構想への期待が高まり、環日本海経済研究所(ERINA)(一九九三年設立)、環日本海アカデミック・フォーラム(一九九四年設立)、環日本海学会(一九九五年設立、後に北東アジア学会と名称を変更)など、経済・文化・歴史・環境分野で関連する諸国・地域の交流と研究を担う機関が官民協力でつくられた。

　だが、北東アジア経済圏は、その巨大な潜在力がひろく認識されながらも、歴史認識、領土問題、北朝鮮の核開発、韓国の反共保守政権の冷戦政策、日本社会の右傾化、米・中・露という大国間の葛藤など様々な要因によって引き裂かれつづけてきた。その意味では、これまでの北東アジア経済圏の歴史は失敗の歴史であったといっても過言ではない。ろうそく革命を経て新しい民主主義の時代を迎えた韓国が、そういう失敗の歴史に終止符を打つことができるのか、いまそのことがあらためて問われている。

おわりに

韓国や日本の冷戦後の歩みをふりかえるとき、つくづく思うのは、過去清算や民主主義をめぐる前進には、必ずと言っていいほど、これに対するバックラッシュがつづくということである。

韓国では、過去清算や民主主義を追求した金大中・盧武鉉の時代のあとに、李明博・朴槿恵のバックラッシュの時代がつづいた。それは、少なくない人々を死の淵に追い込んでしまうような極端な反動の時代だった。だが、その反動が不合理で極端であればあるほど、市民社会の反発も痛烈であった。逆に言えば、合理性の欠いた極端な反動が、ろうそく革命に始まる変革の時代をもたらしたともいえる。

ろうそく革命を経て「共に民主党」の代表に就任した李海瓚は、「進歩政権を二〇年続ける」と豪語して物議をかもしたことがある。だが、格差や貧困はほとんど未解決であり、主流となった進歩勢力の内輪の亀裂や齟齬も目立っている。そういう足元の不安に乗じたバックラッシュの波がやってくる可能性もないわけではない。

一方の日本では、九〇年代の河野談話や村山談話といった歴史認識の達成があった。いまにして思えば、九〇年代の半ばが植民地支配や侵略戦争の反省が国民的にも共有されるピークであったかもしれない。そうした反省を前提に金大中・小渕恵三間の日韓パートナーシップ宣言(一九九八年)があり、日韓関係は新しい交流の時代を迎えた。だが、こうした達成への反動が同じ頃から頭をもたげ、いまでは歴史修正主義の潮流が主流化する状況となっている。

こういう日本と韓国がいまコロナ・パンデミックという共通の危機にそれぞれ向き合っている。「コロナ危機を日韓関係のリセットの機会」(『朝日新聞』二〇二〇年五月一三日)に、という声も聞かれる。文在寅も国連演説(九月)で、南北朝鮮、日本、中国、モンゴルが参加する「北東アジア防疫・保健協力体」の創設を提案した。

本書が、そういうコロナ・パンデミックを超えた新しい時代の地域協力の基礎となる日韓の相互理解に少しでも役立てば、と願ってやまない。

『新・韓国現代史』に続いて今回も岩波書店新書編集部の中山永基さんに大変お世話になった。心からお礼を申し上げたい。

二〇二〇年一〇月

文京洙

岩波新書より

岩波新書より

現代世界

トランプのアメリカに住む　吉見俊哉
ライシテから読む現代フランス　伊達聖伸
ベルルスコーニの時代　村上信一郎
イスラーム主義　末近浩太
ルポ 不法移民 アメリカ国境を越えた男たち　田中研之輔
習近平の中国 百年の夢と現実　林望
日中漂流　毛里和子
中国のフロンティア　川島真
シリア情勢　青山弘之
ルポ トランプ王国　金成隆一
ルポ 難民追跡 バルカンルートを行く　坂口裕彦
アメリカ政治の壁　渡辺将人
プーチンとG8の終焉　佐藤親賢
香港 中国と向き合う自由都市　倉田徹／張イクマン
〈文化〉を捉え直す　渡辺靖
イスラーム圏で働く　桜井啓子編
中南海 知られざる中国の中枢　稲垣清
フォト・ドキュメンタリー 人間の尊厳　林典子
㈱貧困大国アメリカ　堤未果
女たちの韓流　山下英愛
新・現代アフリカ入門　勝俣誠
中国の市民社会　李妍焱
勝てないアメリカ　大治朋子
ブラジル 跳躍の軌跡　堀坂浩太郎
非アメリカを生きる　室謙二
ネット大国中国　遠藤誉
中国は、いま　国分良成編
ジプシーを訪ねて　関口義人
中国エネルギー事情　郭四志
アメリカン・デモクラシーの逆説　渡辺靖
ユーラシア胎動　堀江則雄
オバマ演説集　三浦俊章編訳
ルポ 貧困大国アメリカII　堤未果
オバマは何を変えるか　砂田一郎
イスラエル　臼杵陽
ネイティブ・アメリカン　鎌田遵
アフリカ・レポート　松本仁一
ヴェトナム新時代　坪井善明
イラクは食べる　酒井啓子
ルポ 貧困大国アメリカ　堤未果
エビと日本人II　村井吉敬
北朝鮮は、いま　北朝鮮研究学会編／石坂浩一監訳
欧州連合 統治の論理とゆくえ　庄司克宏
バチカン　郷富佐子
国際連合 軌跡と展望　明石康
アメリカよ、美しく年をとれ　猿谷要
日中関係 戦後から新時代へ　毛里和子
いま平和とは　最上敏樹
「民族浄化」を裁く　多谷千香子
サウジアラビア　保坂修司
中国激流 13億のゆくえ　興梠一郎

岩波新書新赤版一〇〇〇点に際して

ひとつの時代が終わったと言われて久しい。だが、その先にいかなる時代を展望するのか、私たちはその輪郭すら描きえていない。二〇世紀から持ち越した課題の多くは、未だ解決の緒を見つけることのできないままであり、二一世紀が新たに招きよせた問題も少なくない。グローバル資本主義の浸透、憎悪の連鎖、暴力の応酬——世界は混沌として深い不安の只中にある。

現代社会においては変化が常態となり、速さと新しさに絶対的な価値が与えられた。消費社会の深化と情報技術の革命は、種々の境界を無くし、人々の生活やコミュニケーションの様式を根底から変容させてきた。ライフスタイルは多様化し、一面では個人の生き方をそれぞれが選びとる時代が始まっている。同時に、新たな格差が生まれ、様々な次元での亀裂や分断が深まっている。社会や歴史に対する意識が揺らぎ、普遍的な理念に対する根本的な懐疑や、現実を変えることへの無力感がひそかに根を張りつつある。そして生きることに誰もが困難を覚える時代が到来している。

しかし、日常生活のそれぞれの場で、自由と民主主義を獲得し実践することを通じて、私たち自身がそうした閉塞を乗り超え、希望の時代の幕開けを告げてゆくことは不可能ではあるまい。そのために、いま求められていること——それは、個と個の間で開かれた対話を積み重ねながら、人間らしく生きることの条件について一人ひとりが粘り強く思考することではないか。その営みの糧となるものが、教養に外ならないと私たちは考える。歴史とは何か、よく生きるとはいかなることか、世界そして人間はどこへ向かうべきなのか——こうした根源的な問いとの格闘が、文化と知の厚みを作り出し、個人と社会を支える基盤としての教養となった。まさにそのような教養への道案内こそ、岩波新書が創刊以来、追求してきたことである。

岩波新書は、日中戦争下の一九三八年一一月に赤版として創刊された。創刊の辞は、道義の精神に則らない日本の行動を憂慮し、批判的精神と良心的行動の欠如を戒めつつ、現代人の現代的教養を刊行の目的とする、と謳っている。以後、青版、黄版、新赤版と装いを改めながら、合計二五〇〇点余りを世に問うてきた。そして、いままた新赤版が一〇〇〇点を迎えたのを機に、人間の理性と良心への信頼を再確認し、それに裏打ちされた文化を培っていく決意を込めて、新しい装丁のもとに再出発したいと思う。一冊一冊から吹き出す新風が一人でも多くの読者の許に届くこと、そして希望ある時代への想像力を豊かにかき立てることを切に願う。

（二〇〇六年四月）

文京洙

1950年東京生まれ．立命館大学国際関係学部名誉教授．著書に『新・韓国現代史』『在日朝鮮人――歴史と現在』(水野直樹と共著)(以上，岩波新書)，『済州島四・三事件――「島(タムナ)のくに」の死と再生の物語』(岩波現代文庫)，『済州島現代史――公共圏の死滅と再生』(新幹社)，『在日朝鮮人問題の起源』(クレイン)，『なぜ書きつづけてきたか　なぜ沈黙してきたか――済州島四・三事件の記憶と文学』(金石範・金時鐘と共著)(平凡社)などがある．

文在寅時代の韓国――「弔い」の民主主義
岩波新書(新赤版)1857

2020年11月20日　第1刷発行

著　者　文《ムン》京《ギョン》洙《ス》

発行者　岡本　厚

発行所　株式会社 岩波書店
〒101-8002 東京都千代田区一ツ橋2-5-5
案内 03-5210-4000　営業部 03-5210-4111
https://www.iwanami.co.jp/

新書編集部 03-5210-4054
https://www.iwanami.co.jp/sin/

印刷・理想社　カバー・半七印刷　製本・中永製本

ISBN 978-4-00-431857-6　　Printed in Japan

参考文献

ハングル(書籍)

감남훈〔金ナムフン〕(2019)『기본소득의 정치학〔基本所得の政治学〕』박종철출판사

강정인 외〔カン・ジョンイン他〕(2009)『한국정치의 이념과사상〔韓国政治の理念と思想〕』후마니타스

강준만〔康俊晩〕(2016)『박근혜 권력 중독〔朴槿恵　権力中毒〕』인물과 사상사

기병로〔キ・ビョンノ〕(2015)『친노는 왜 항상 실패하는가?〔親盧はなぜいつも失敗するのか〕』리퍼블릭

김만흠〔金マンフム〕(2006)『민주회이후의 한국정치와 노무현 정권〔民主化以後の韓国政治と盧武鉉政権〕』한울아카데미

김명희／김왕배엮음〔金ミョンヒ／金ワンベ編〕(2016)『세월호이후의 사회과학〔セウォル号以後の社会科学〕』그린비

김애랑／진운영외〔金エラン／陳ウニョン他〕(2014)『눈 먼자들의 국가 : 세월호를 바라보는 작가의 눈〔盲人たちの国家――セウォル号をみつめた作家の目〕』문학동네

노무현재단편〔盧武鉉財団編〕(2010)『노무현 자서전 : 운명이다〔盧武鉉自叙伝　運命だ〕』돌베개

더휴만 편집부〔ザ・ヒューマン編集部〕(2019)『대통령 문재인의 2 년〔大統領文在寅の 2 年〕』미루북컴퍼니

맑스코뮤날레〔マルクスコミュナーレ〕『전환기 한국서회 성장과 정체성의 정치를 넘어〔転換期韓国社会　成長とアイデンティティの政治を越えて〕』갈무리

매일경제정치부〔毎日経済政治部〕(2017)『문재인시대 파워엘리트〔文在寅時代　パワーエリート〕』메일경제신문사

박구영〔朴クヨン〕(2018)『문파, 새로운 주권자의 이상한 출현〔文派, 新しい主権者のおかしな出現〕』메디치

参考文献

박찬욱편〔朴チャンウク編〕(2005)『제 17 대 국회의원 총선거분석〔第17 代国会議員総選挙分析〕』푸른길

서울사회경제연구소〔ソウル社会経済研究所〕(2019)『문재인 정부의 경제정책 전환과 과제〔文在寅政府の経済政策——転換と課題〕』한울

연세대학교빈곤문제국제개발연구원〔延世大学校貧困問題国際開発研究院〕(2014)『외환위기이후 한국사회의 변화——정치, 경제, 복지를 중심으로〔通貨危機以後の韓国社会の変化——政治, 経済, 福祉を中心に〕』한울

오연호／조국〔呉ヨンホ／曺國〕(2010)『진보 집권 플랜〔進歩執権プラン〕』오마이북

우상호〔禹相虎〕(2017)『탄핵, 100 일간의 기록〔弾劾, 100 日の記録〕』未来研究所

이나영엮음〔李娜榮編〕(2019)『누가 여성을 죽이는가 여성혐오와 페미니즘의 격발〔誰が女性を殺すのか——女性嫌悪とフェミニズムの激発〕』돌배개

이지호／이현우／서복경〔李ジホ他〕(2017)『탄핵 광장의 안과 박 촛불 민심 경험분석〔弾劾広場の内と外——ろうそく民心の経験分析〕』한솔수북

정병기／도모연／김찬우〔チョン・ビョンギ他〕(2018)『2016～17 년 촛불 집회 민주주의 민주화 그 성격과 의미〔2016～17 年ろうそく集会民主主義, 民主化, その性格と意味〕』영남대학교출판부

정우영외〔チョン・ウヨン他〕(2019)『촛불집회와 다중운동〔ろうそく革命と多衆運動〕』한국학술정보

조국백서추진위원회〔曺國白書推進委員会〕(2020)『검찰개혁과 촛불시민〔検察改革とろうそく市民〕』오마이북

조희연／김동춘／김정훈〔曺ヒヨン／金東椿／金ジョンフン〕(2010)『거대한 운동에서 차이의 운동들로〔巨大な運動から差異の運動に〕』한울

참여사회연구소기획〔参与社会研究所企画〕(2014)『민주정부 10 년, 무엇을 남겼나〔民主政府 10 年, 何を残したのか〕』후마니타스

참여연대〔参与連帯〕(2019)『이슈리포트　문재인 정부 2 년, 적폐청산 어디까지 왔나?　1. 권력기관 개혁분야〔イシュー・レポート　文在寅政府 2 年　積弊清算はどこまで来たのか?　1. 権力改革分野〕』참여연대
참여연대〔参与連帯〕(2019)『이슈리포트　문재인 정부 2 년, 적폐청산 어디까지 왔나?　2. 사회경제 분야〔イシュー・レポート　文在寅政府 2 年　積弊清算はどこまで来たのか?　2. 社会経済分野〕』참여연대
참여연대〔参与連帯〕(2020)『이슈리포트　사법농단 그 후, 사법개혁 어디까지 왔나〔イシュー・レポート　司法壟断　その後, 司法改革はどこまで来たのか〕』참여연대
퇴진행동 기록기념위원회 백서팀〔退陣行動記録記念委員会白書チーム〕(2018)『박근혜 정권 퇴진 촛불의 기록〔朴槿恵政権退陣ろうそくデモの記録〕①②』퇴진행동 기록기념위원회

ハングル(論文)

김경필〔金ギョンピル〕(2020)「문재인 정부 전반기의 경제민주화 : 계획, 실천, 과제〔文在寅政府前半期の経済民主化——計画, 実践, 課題〕」『경제와 사회』6 月号
김경희〔金ギョンヒ〕(2009)「신자유주의와 국가페미니즘〔新自由主義と国家フェミニズム〕」『진보평론』40 号
김성구〔金ソング〕(2019)「현대 장기불황과 문재인 정권의 경제정책——시장주의 재벌개혁론, 소득주도 성장 정책, 기본소득론 비판〔現代長期不況と文在寅政権の経済政策〕」『진보평론』80 号
김성일〔金ソンイル〕(2017)「광장정치의 동학 6 월항쟁에서 박근혜탄핵 촛불집회까지〔広場の政治の動学——6 月抗争から朴槿恵弾劾ろうそく集会まで〕」『문화과학』89 号
김영근〔金ヨングン〕(2020)「코로나 19 재해 거버넌스에 관한 한일 비교분석〔コロナ 19 災害ガバナンスに関する韓日比較研究〕」『아시아연구』23(2)

参考文献

김학준〔金ハッチュン〕(2017)「빅데이터를 통해 발아본 촉불 민의 : 탄핵으로 가는 길, 탄핵 이후의 소망〔ビッグデータを通じてみたろうそくデモの民意——弾劾に至る道のり，弾劾以後の希望〕」『黄海文学』95号

김홍미리〔金洪ミリ〕(2017)「촛불광장과 적폐의 여성화 : 촛불이 만든 것과 만들어가는것〔ろうそく広場と積弊の女性化——ろうそくデモが作ったものと作っていくもの〕」『시민과 세계』6月号

안진걸〔安珍傑〕(2017)「인터뷰 첫불로 시작한 완성한 혁명〔インタビュー ろうそくで始まった完成した革命〕」NEWSIS 2017/05/23

백낙청〔白楽晴〕(2017)「「촛불」의 새세상 만들기와 남북관계〔蠟燭の新しい国づくりと南北関係〕」『창작과 비평』봄호

신진욱〔シン・ジヌク〕(2020)「세대불평등 담론의 정치적 계보와 의미론 : '386' 담론의 구조와 변화에 대한 비판적 담론분석, 1990〜2019년〔世代不平等言説の政治的系譜と意味論——「386」言説の構造と変化に対する批判的言説分析，1990〜2019年〕」『경제와 사회』6月号

여인만〔ヨ・インマン〕(2019)「한일 경제분업관계의 역사와 대한 수출규제의 의미〔韓日経済分業関係の歴史と対韓輸出規制の意味〕」『역사비평』11月号

오세제〔呉セジェ〕(2020)「수구보수 청산이 촛불 민심이다 : 민주당의 제21대 총선전략과 지역 세대변수 평가〔守旧保守清算がろうそくの民心だ——民主党の第21代総選挙戦略と地域・世代変数の評価〕」『경제와사회』6月号

위평량〔魏ピョンリャン〕(2019)「재벌로의 경제력집중 그 동태적 변화와 정책적 시사〔財閥への経済力集中——その動態的変化と政策的示唆点〕」『企業支配構造研究』55号

이동윤〔李ドンユン〕(2020)「한국의 정당공천제도 : 정당의 국회의원 후보는 누가 결정하는가?〔韓国の政党公薦制度——政党の国会議員候補はだれが決めるのか〕」『정치정보연구』23(2)

이미경〔李ミギョン〕(2018)「미투(MeToo)운동을 통해 본 법과 현실의 괴리〔Me Too 運動を通してみた法と現実の乖離〕」『경제와 사회』12

月号
이주용〔李ジュヨン〕(2018)「문재인정부 재벌개혁의 한계와 재벌체제 청산의 과제〔文在寅政府の財閥改革の限界と財閥体制清算の課題〕」『진보평론』9月号
이지행〔李ジヘン〕(2016)「이대 본관 점거시위 리포트〔梨花大本館占拠示威リポート〕」『여／성이론』35
임운택〔イム・ウンテク〕(2018)「신자유주의에 발목 잡힌 문재인 정부의 소득주도　성장론〔新自由主義に足元をすくわれた文在寅政府の所得主導成長論〕」『한국사회학회 사회학대회 논문집』
정선영〔チョン・ソニョン〕(2016)「이화여대 본관 점거 농성 조직자들의 외부세력，운동권 배제를 어떻게 볼 것인가？〔梨花大本館占拠籠城組織者たちの外部勢力，運動圏排除をどのようにみるか〕」『마르크스21』(16)
한기욱〔韓基煜〕(2018)「주체의 변화와 촛불혁명 최근 몇몇 소설들〔主体の変化とろうそく革命——最近のいくつかの小説から〕」『창작과비평』46(4)
황정미〔黄ジョンミ〕(2017)「젠더 광점에서 본 민주화 이후의 민주주의 공공 페미니즘과 정체성 정치〔ジェンダーの観点からみた民主化以後の民主主義——公共フェミニズムとアイデンティティ政治〕」『경제와 사회』114号

ハングル以外(著作)
浅羽祐樹(2013)『したたかな韓国——朴槿恵時代の戦略を探る』NHK出版
アラン・リピエッツ(2002)『レギュラシオンの社会理論』(若森章孝／若森文子訳)青木書店
アントニオ・ネグリ／マイケル・ハート(2005)〔Antonio Negri & Michael Hardt〕『マルチチュード——〈帝国〉時代の戦争と民主主義(上)(下)』(水嶋一憲／市田良彦監訳，幾島幸子訳)NHKブックス
アントニオ・ネグリ／マイケル・ハート(2013)『叛逆——マルチチュ

ードの民主主義宣言』(水嶋一憲／清水知子訳)NHK ブックス
禹晳薫／朴権一(2009)『韓国ワーキングプア　88 万ウォン世代』(金友子／金聖一／朴昌明訳)明石書店
宇都宮健児(2020)『韓国市民運動に学ぶ』花伝社
大津健登(2019)『グローバリゼーション下の韓国資本主義』大月書店
大西裕(2014)『先進国・韓国の憂鬱　少子高齢化，経済格差，グローバル化』中公新書
岡本有佳／加藤圭木編(2019)『だれが日韓「対立」をつくったのか』大月書店
川瀬俊治／文京洙編(2009)『ろうそくデモを越えて――韓国社会はどこに行くのか』東方出版
金光男(2018)『朝鮮半島　未来を読む――文在寅・金正恩・トランプ非核化実現へ』東方出版
金早雪(2016)『韓国・社会保障形成の政治経済学――国家と国民生活の変革』新幹社
坂井隆／平岩俊司(2017)『独裁国家・北朝鮮の実像――核・ミサイル・金正恩体制』朝日新聞出版
ジョン・ボルトン(2020)『ジョン・ボルトン回顧録　トランプ大統領との 453 日』(梅原季哉監訳)朝日新聞出版
崔正勲(2020)『なぜ朝鮮半島「核」危機は繰り返されてきたのか』クレイン
趙世暎(2015)『日韓外交史――対立と協力の 50 年』(姜喜代訳)平凡社新書
チョ・ナムジュ(2018)『82 年生まれ，キム・ジヨン』(斎藤真理子訳)筑摩書房
戸塚悦朗(2019)『「徴用工問題」とは何か？』明石書店
文在寅(2018)『運命　文在寅自伝』(矢野百合子訳)岩波書店
文京洙(2015)『新・韓国現代史』岩波新書
ユ・シミン(2016)『ボクの韓国現代史』(萩原恵美訳)三一書房
和田春樹(2020)『慰安婦問題の解決に何が必要か』青灯社

和田春樹(2012)『北朝鮮現代史』岩波新書

ハングル以外(論文)

岡野内正(2020)「地域住民から支持者を創り出す——ベーシックインカム運動の京畿道モデル」『アジア・アフリカ研究』60巻1号
金根植(2013)「李明博政府の対北朝鮮政策の評価と次期政府の課題」『コリアン・スタディーズ』創刊号
金富子(2018)「文在寅政権と「慰安婦」問題への新方針」『現代思想』8月号
金翼漢(2015)「セウォル号事件後の市民運動の新地平」『社会運動』3月号
趙慶喜(2018)「裏切られた多文化主義」『現代思想』8月号
鄭章淵(2016)「韓国——「財閥共和国」の行方」藤田和子/文京洙編『グローバルサウスはいま2　新自由主義下のアジア』ミネルヴァ書房
Victor Cha(2018)"Giving North Korea a 'bloody nose' carries a huge risk to Americans", *The Washinton Post*, January 30
古谷有希子(2020)「コロナパンデミックにおける日米韓の対応能力比較」(https://news.yahoo.co.jp/byline/furuyayukiko/20200319-00168178/)10月26日検索
Max Fisher/Choe Sang-Hun(2020)"How South Korea Flattened the Curve", *The Interpreter, The New York Times*, March 23
文京洙(2019)「2018年の朝鮮半島情勢をふりかえる」『アジア・アフリカ研究』59巻1号
文京洙(2018)「激変する朝鮮半島情勢——変化へのイニシアティブを探る」『現代思想』8月号
文正仁〔Chung-in Moon〕(2018)"A Real Path to Peace on the Korean Peninsula," *Foreign Affairs*, March/April.
森類臣(2020)「韓国ジャーナリズムの最前線——オルタナティブ・メディアによる「公共圏」をめぐる闘い」『世界』8月号

主要人名解説

＊本書の記述の文脈で重要と思われる人物について人選した（本文中に◇で示した人物）．解説内容は本書の文脈に即した最小限の記述にとどめている．重要人物であっても本文中に詳しい説明のあるものについては除いた．

朴元淳（パク・ウォンスン）90年代からの韓国の市民運動を代表するリーダー．参与連帯の事務処長として2000年，落薦・落選運動（第2章）などをリードした．終章で述べたように2000年代には「美しい財団」や希望製作所を経てソウル市長となるが，2020年7月に自死した．

李海瓚（イ・ヘチャン）ソウル大学校在学中の70年代から民主化運動に身を投じ，2度投獄されている．金大中政権期には教育部長官，盧武鉉政権期には国務総理を歴任している．文在寅政権では与党の党代表として，2020年総選挙を勝利に導いた．

韓明淑（ハン・ミョンスク）盧武鉉政権末期に国務総理をつとめ，2012年には短い期間であるが民主統合党代表をつとめている．15年8月，政治資金不正授受の罪で懲役2年の実刑が確定し，17年8月まで服役した．検察の標的捜査の被害者との指摘もある．「共に民主党」は再捜査を求めている．

金秉準（キム・ビョンジュン）盧武鉉の大統領当選に貢献し，盧武鉉政権期には青瓦台の政策室長や教育担当副首相をつとめている．文在寅政権下では，一転して自由韓国党のトップ（非常対策委員長）に就任した（2018.07〜19.02）．

徐甲源（ソ・ガプウォン）全羅南道出身の386世代で盧武鉉の側近の一人．秘書室の政務第一秘書官をつとめ，第17代から18代（2004〜12年）の国会議員で，開かれたウリ党の院内副代表などをつとめた．現在は「共に民主党」介護経済特別委員長の役職にある．

李光宰（イ・グァンジェ）386世代で盧武鉉の側近の一人．2008年の朴淵

次ゲート(第1章)で逮捕され，収監中に江原道知事に当選したが，有罪判決が出て失職している．20年の総選挙では江原道原州地域区で当選を果たし国会議員にカムバックした．

白元宇(ペク・ウォヌ)386世代で盧武鉉の側近の一人．青瓦台秘書室の行政官をつとめた．盧武鉉の葬儀の際に献花しようとした李明博に「政治報復を謝罪せよ！」と詰め寄った人物．第17代から18代の国会議員．文在寅政権では民情秘書官に就任している．

丁世均(チョン・セギュン)朴智元と並ぶ金大中の側近であったが，盧武鉉政権期に「開かれたウリ党」の院内代表や議長，野党時代にも民主党代表をつとめている．2016年総選挙後は18年5月まで国会議長，20年1月から国務総理をつとめている．

金槿泰(キム・グンテ)70年代からの韓国の民主化運動の闘士として，投獄や拷問に屈せず闘い抜いた運動圏のリーダー的存在．盧武鉉政権では保健福祉部長官，ウリ党議長などを歴任し，ひと頃は大統領候補の呼び声も高かった．2011年病死している．

柳時敏(ユ・シミン)李海瓚の秘書官(1988〜91年)をつとめたのちジャーナリストとして活動したが，2002年から盧武鉉を支援した．03年国会議員となりウリ党に合流．盧武鉉政権で保健福祉部長官をつとめた．08年選挙での落選の後，民主労働党系との合流を試みるが果たせず13年に政界を退き，現在は盧武鉉財団理事長，文在寅支持の論客として活動している．

金慶洙(キム・ギョンス)盧武鉉の側近中の側近．盧武鉉政権期には青瓦台秘書官として働き，盧武鉉死後本格的に政界入りし，2016年の総選挙で当選．18年の統一地方選挙で慶尚南道知事に当選するが，17年の大統領選挙でのインターネットの書き込みによる世論操作の疑いで逮捕され，一審が有罪で現在控訴審の判決待ちの状況にある．

李浩哲(イ・ホチョル)文在寅側近の3チョルの一人．盧武鉉政権期後半に民情首席秘書官をつとめ，文在寅政権の誕生に貢献したが，当選後は外遊に出ている．釜山出身で，2021年予定の釜山市長補欠選挙への出馬も噂されたが早々に辞退している．

安熙正（アン・ヒジョン）親盧派の代表的な政治家として盧武鉉政権末期まで支持し続けた．2010年の統一地方選挙で保守色の強い忠清南道で知事に当選したが，18年に元秘書から性暴力被害の訴えがあり，19年9月大法院判決で懲役3年6カ月の有罪が確定した．
楊正哲（ヤン・ジョンチョル）文在寅側近の3チョルの一人．盧武鉉政権期には秘書室の広報企画秘書官をつとめた．選挙戦略に長け文在寅の大統領当選に貢献したが，当選後はすべての役職を辞退していた．2019年5月，「共に民主党」シンクタンクの民主研究院長として復帰している．
金太年（キム・テニョン）386世代で2003年にウリ党に合流し，文在寅の大統領当選に貢献した．国政企画諮問委員会副委員長として政権初期の政策立案に手腕を発揮した．20年5月，共に民主党院内代表に選出されている．
禹相虎（ウ・サンホ）六月民主化抗争のあった1987年に延世大総学生会会長，全国大学生代表者協議会（全大協）副議長をつとめた典型的な386世代運動圏出身の政治家．ろうそく革命の時期には「共に民主党」院内代表として国会で朴槿恵の弾劾訴追案可決に活躍した（第2章）．
李仁栄（イ・イニョン）六月民主化抗争のあった1987年に高麗大総学生会会長，全大協議長をつとめた典型的な386世代運動圏出身の政治家．文在寅政権下で2019年5月に「共に民主党」院内代表に就任，国会対策で手腕を発揮した（第4章）．20年7月，統一部長官に就任している．
秋美愛（チュ・ミエ）光州地裁の進歩的な裁判官として金大中に見出されて1995年に政界入り．2004年の盧武鉉弾劾訴追では賛成票を投じた．その後は親文在寅としてろうそく革命の時期には「共に民主党」代表をつとめ，20年1月からは法務部長官として検察改革の陣頭に立っている．
任鍾晳（イム・ジョンソク）386世代の運動圏出身で1989年に全大協議長として林秀卿の訪北プロジェクト（平壌での南北学生会談への参加）を

推進した．文在寅政権では秘書室長として手腕を発揮した．2020 年 7 月，外交安保特別補佐官に就任している．

鄭東泳(チョン・ドンヨン)MBC のニュース番組のアンカー出身．1996 年に金大中の新政治国民会議に入党し政界入り．盧武鉉政権期には「開かれたウリ党」議長や統一部長官を歴任している．2007 年の大統領選挙で李明博に敗北した．18 年民主平和党党首に就任している．

文喜相(ムン・ヒサン)1987 年の民主化直後から金大中の側近として働き，金大中政権期には国家情報院の企画調整室長などの要職を歴任，盧武鉉政権期には秘書室長，韓日議員連盟韓国側代表，文在寅政権期には国会議長(2018.07〜20.05)をつとめている．

金漢吉(キム・ハンギル)金大中の大統領当選に貢献し，金大中時代には文化広報部長官などをつとめた．盧武鉉政権下では，ウリ党院内代表をつとめたが，2010 年代には中道を志向し，14 年には安哲秀とともに新政治民主連合の共同代表をつとめた．16 年「共に民主党」を離党し，国民の党に合流した．

孫鶴圭(ソン・ハッキュ)1995 年に国会議員に当選して以来，保守政党に所属し，保健福祉部長官や京畿道知事を歴任したが，2008 年には，中道を標榜する立場から民主党系の政党に合流し民主党代表(2010〜11 年)などをつとめた．06 年には離党し国民の党に合流した．

金鍾仁(キム・ジョンイン)経済民主化の理論家としても知られ，新千年民主党議員(2004 年)に始まり，12 年，朴槿恵大統領候補の経済民主化プランに携わった後は，16 年には共に民主党の非常対策委員長，20 年には保守野党の非常対策委員長として「ベーシック・インカム」を打ち出している．

金武星(キム・ムソン)金泳三政権期に政界入りし，2012 年の朴槿恵の大統領当選に貢献した．14 年，セヌリ党の党代表となるが，16 年の総選挙敗北の責任をとって辞任．ろうそく革命の時期は非朴派として弾劾訴追案を主導しセヌリ党を離れ，劉承旼の「正しい政党」に参加するが，自由韓国党が朴槿恵を除名したことを受けて復帰した．

劉承旼(ユ・スンミン)ソウル大経済学科卒業の経済学者．1997 年の

IMF 事態の際は KDI(韓国開発研究院)に勤務していた．2004 年ハンナラ党の国会議員となり，15 年，セヌリ党院内代表をつとめるが朴槿恵と衝突し，16 年には離党している．朴槿恵弾劾訴追案可決を主導し，ろうそく革命のあとは「正しい政党」を結党，第 19 代大統領候補として文在寅と争った．

朴鍾哲(パク・ジョンチョル)ソウル大の学生で学生運動に参加．1987 年 1 月，治安本部対共分室に連行され水拷問の末に死亡した．警察は死因を隠蔽したが，医師や報道陣によって暴露され，六月民主化抗争の重要な契機となった．

李韓烈(イ・ハニョル)延世大の学生として，朴鍾哲拷問致死事件や憲法改正を求める学外の抗議行動に参加するが，戦闘警察が発射した催涙弾の破片を後頭部に受け重傷を負い，1987 年 7 月 5 日死亡した．六月民主化抗争の重要な契機となった．

禹柄宇(ウ・ビョンウ)朴淵次ゲート(第 1 章)捜査の主任検事として盧武鉉を捜査した検事．検察のエリートとして要職を歴任し，朴槿恵政権で検察をコントロールする民情首席に就任，朴槿恵・崔順実ゲートに関与し逮捕されている．

安鐘範(アン・ジョンボム)米国ウィスコンシン大学で学位をとった経済学者．2012 年，総選挙でセヌリ党の比例代表として当選．朴槿恵政権下で経済首席秘書官に就任．朴槿恵・崔順実ゲートの中心人物の一人として逮捕されている．

黄教安(ファン・ギョアン)エリート検事として公安部長や各地の検事長を歴任し，朴槿恵政権で法務部長官・国務総理をつとめた．朴槿恵の弾劾訴追案可決に伴い大統領権限代行を兼務．文在寅政権成立後は保守野党党首(2019.02～20.04)として，太極旗部隊など極右勢力と結んで文在寅政権に対抗した．

洪準杓(ホン・ジュンピョ)検事出身で金泳三政権時代に政界入り，ハンナラ党代表(2011.7～12)や慶尚南道知事(2012.12～17.4)などを歴任し，2017 年の大統領選挙で文在寅と争い大敗した．その後，自由韓国党代表(17.07～18.06)をつとめたが，18 年の統一地方選挙の敗北で辞任

している．

全海澈(チョン・ヘチョル)文在寅側近の3チョルの一人．盧武鉉政権では民情首席をつとめている．文在寅の大統領当選に貢献したが，青瓦台の役職は辞退している．第19〜21代の国会議員で，「共に民主党」京畿道委員長などの要職を歴任している．

李娜榮(イ・ナヨン)韓国中央大学校教授で韓国のラディカル・フェミニズムの代表的研究者．正義記憶連帯(旧韓国挺身隊問題対策協議会)理事長の尹美香が2020年総選挙で「共に民主党」比例代表で当選し国会議員となったのを受けて後任の理事長に就任している．

呉泰圭(オ・テギュ)『ハンギョレ』論説委員室長をつとめた後，文在寅政権成立時の国家企画諮問委員会社会分科諮問委員(2017.05〜07)を経て，韓日日本軍慰安婦被害者問題合意検討タスクフォースの委員長に就任(第4章)．検証報告書作成後，2018年4月に駐大阪韓国総領事に就任している．

朴元錫(パク・ウォンソク)参与連帯の創立メンバーで合同事務所長などをつとめ，2012年統合進歩党の比例代表で国会議員となるが党内主流派と対立，離党した．その後は正義党に移り政策委員長などをつとめる．正義党きっての論客として放送メディアでも活躍している．

岩波新書より

社会

サイバーセキュリティ　谷脇康彦
まちづくり都市 金沢　山出保
虚偽自白を読み解く　浜田寿美男
総介護社会　小竹雅子
戦争体験と経営者　立石泰則
住まいで「老活」　安楽玲子
現代社会はどこに向かうか　見田宗介
EVと自動運転 クルマをどう変えるか　鶴原吉郎
ルポ 保育格差　小林美希
津波災害〔増補版〕　河田惠昭
棋士とAI　王銘琬
原子力規制委員会　新藤宗幸
東電原発裁判　添田孝史
日本問答　田中優子・松岡正剛
日本の無戸籍者　井戸まさえ
〈ひとり死〉時代のお葬式とお墓　小谷みどり

町を住みこなす　大月敏雄
親権と子ども　榊原富士子・池田清貴
歩く、見る、聞く 人びとの自然再生　宮内泰介
対話する社会へ　暉峻淑子
悩みいろいろ　金子勝
魚と日本人 食と職の経済学　濱田武士
ルポ 貧困女子　飯島裕子
鳥獣害 動物たちと、どう向きあうか　祖田修
科学者と戦争　池内了
新しい幸福論　橘木俊詔
ブラックバイト 学生が危ない　今野晴貴
原発プロパガンダ　本間龍
ルポ 母子避難　吉田千亜
日本にとって沖縄とは何か　新崎盛暉
日本病 長期衰退のダイナミクス　金子勝・児玉龍彦
雇用身分社会　森岡孝二
生命保険とのつき合い方　出口治明

ルポ にっぽんのごみ　杉本裕明
鈴木さんにも分かるネットの未来　川上量生
地域に希望あり　大江正章
世論調査とは何だろうか　岩本裕
フォト・ストーリー 沖縄の70年　石川文洋
ルポ 保育崩壊　小林美希
多数決を疑う 社会的選択理論とは何か　坂井豊貴
アホウドリを追った日本人　平岡昭利
朝鮮と日本に生きる　金時鐘
被災弱者　岡田広行
農山村は消滅しない　小田切徳美
復興〈災害〉　塩崎賢明
「働くこと」を問い直す　山崎憲
原発と大津波 警告を葬った人々　添田孝史
縮小都市の挑戦　矢作弘
福島原発事故 被災者支援政策の欺瞞　日野行介
日本の年金　駒村康平

岩波新書より

- 食と農でつなぐ 福島から　塩谷弘康／岩崎由美子
- 過労自殺〔第二版〕　川人博
- 金沢を歩く　山出保
- ドキュメント 豪雨災害　稲泉連
- ひとり親家庭　赤石千衣子
- 女のからだ フェミニズム以後　荻野美穂
- 〈老いがい〉の時代　天野正子
- 子どもの貧困 II　阿部彩
- 性と法律　角田由紀子
- ヘイト・スピーチとは何か　師岡康子
- 生活保護から考える　稲葉剛
- かつお節と日本人　宮内泰介／藤林泰
- 家事労働ハラスメント　竹信三恵子
- 福島原発事故 県民健康管理調査の闇　日野行介
- 電気料金はなぜ上がるのか　朝日新聞経済部
- おとなが育つ条件　柏木惠子
- 在日外国人〔第三版〕　田中宏
- まち再生の術語集　延藤安弘

- 震災日録 記憶を記録する　森まゆみ
- 原発をつくらせない人びと　山秋真
- 社会人の生き方　暉峻淑子
- 構造災 科学技術社会に潜む危機　松本三和夫
- 家族という意志　芹沢俊介
- ルポ 良心と義務　田中伸尚
- 飯舘村は負けない　千葉悦子／松野光伸
- 夢よりも深い覚醒へ　大澤真幸
- 子どもの声を社会へ　桜井智恵子
- 就職とは何か　森岡孝二
- 日本のデザイン　原研哉
- ポジティヴ・アクション　辻村みよ子
- 脱原子力社会へ　長谷川公一
- 希望は絶望のど真ん中に　むのたけじ
- 福島 原発と人びと　広河隆一
- アスベスト 広がる被害　大島秀利
- 原発を終わらせる　石橋克彦編
- 日本の食糧が危ない　中村靖彦
- 勲章 知られざる素顔　栗原俊雄

- 希望のつくり方　玄田有史
- 生き方の不平等　白波瀬佐和子
- 同性愛と異性愛　風間孝／河口和也
- 贅沢の条件　山田登世子
- 新しい労働社会　濱口桂一郎
- 世代間連帯　上野千鶴子／辻元清美
- 道路をどうするか　五十嵐敬喜／小川明雄
- 子どもの貧困　阿部彩
- 子どもへの性的虐待　森田ゆり
- 戦争絶滅へ、人間復活へ　むのたけじ／黒岩比佐子 聞き手
- テレワーク 「未来型労働」の現実　佐藤彰男
- 反貧困　湯浅誠
- 不可能性の時代　大澤真幸
- 地域の力　大江正章
- グアムと日本人 戦争を埋立てた楽園　山口誠
- 少子社会日本　山田昌弘
- 親米と反米　吉見俊哉
- 「悩み」の正体　香山リカ

岩波新書より

変えてゆく勇気　上川あや
戦争で死ぬ、ということ　島本慈子
社会学入門　見田宗介
冠婚葬祭のひみつ　斎藤美奈子
壊れる男たち　金子雅臣
少年事件に取り組む　藤原正範
いまどきの「常識」　香山リカ
働きすぎの時代　森岡孝二
桜が創った「日本」　佐藤俊樹
生きる意味　上田紀行
ルポ 戦争協力拒否　吉田敏浩
ウォーター・ビジネス　中村靖彦
男女共同参画の時代　鹿嶋敬
当事者主権　中西正司　上野千鶴子
ルポ 解雇　島本慈子
豊かさの条件　暉峻淑子
人生案内　落合恵子
若者の法則　香山リカ
自白の心理学　浜田寿美男

原発事故はなぜくりかえすのか　高木仁三郎
日本の近代化遺産　伊東孝
証言 水俣病　栗原彬編
コンクリートが危ない　小林一輔
東京国税局査察部　立石勝規
ドキュメント 屠場　鎌田慧
能力主義と企業社会　熊沢誠
沖縄 平和の礎　大田昌秀
現代社会の理論　見田宗介
原発事故を問う　七沢潔
災害救援　野田正彰
命こそ宝 沖縄反戦の心　阿波根昌鴻
スパイの世界　中薗英助
都市開発を考える　大野輝之　レイコ・ハベ・エバンス
ディズニーランドという聖地　能登路雅子
原発はなぜ危険か　田中三彦
豊かさとは何か　暉峻淑子
農の情景　杉浦明平

光に向って咲け　粟津キヨ
異邦人は君ヶ代丸に乗って　金賛汀
読書と社会科学　内田義彦
科学文明に未来はあるか　野坂昭如編著
プルトニウムの恐怖　高木仁三郎
社会科学における人間　大塚久雄
沖縄ノート　大江健三郎
地の底の笑い話　上野英信
この世界の片隅で　山代巴編
音から隔てられて　入谷仙介　林瓢介編
ものいわぬ農民　大牟羅良
民話を生む人々　山代巴
死の灰と闘う科学者　三宅泰雄
米軍と農民　阿波根昌鴻
沖縄からの報告　瀬長亀次郎
暗い谷間の労働運動　大河内一男
ユダヤ人　J-P・サルトル　安堂信也訳
社会認識の歩み　内田義彦
社会科学の方法　大塚久雄

岩波新書より

自動車の社会的費用　宇沢弘文

(2018.11)　(D4)

経済

岩波新書より

ケインズ　伊東光晴

アダム・スミス　高島善哉

資本論の世界　内田義彦

資本論の経済学　宇野弘蔵

(2018. 11)　(C2)

岩波新書/最新刊から

1846 **暴君**
―シェイクスピアの政治学―
スティーブン・グリーンブラット 著
河合祥一郎 訳
暴君誕生の社会的、心理的原因を探り、絶対的権力への欲望と、その悲惨な結末を描いたシェイクスピアが現代に警鐘を鳴らす。

1847 **ドイツ統一**
アンドレアス・レダー 著
板橋拓己 訳
ドイツ統一から三〇年。冷戦末期の変容する世界政治の帰結であり、その後のすべての原点ともなった市民革命を明快に描く。

1848 **道教思想10講**
神塚淑子 著
老子の「道」の思想から、「気」の生命観、政治思想、仏教との関わり、日本への影響まで、丁寧なテキスト読解に基づく入門書。

1849 **有島武郎**
―地人論の最果てへ―
荒木優太 著
土地や血統の宿命からは逃れられないと知りつつも、普遍的な個性や愛を信じた有島武郎の作品と生涯を読み解いていく。

1850 **アメリカ大統領選**
久保文明
金成隆一 著
大統領選の基本から、予備選・本選の現場ルポ、二極化するアメリカ社会の構図まで、四年に一度の政治変革の見どころを総ざらい。

1851 **藤原定家『明月記』の世界**
村井康彦 著
青年期から生涯にわたって綴られた日記『明月記』を詳細に読み解くことで、藤原定家の日常、その生身の姿が浮かび上がる。

1852 **三島由紀夫** 悲劇への欲動
佐藤秀明 著
「悲劇的なもの」への憧憬と渇仰。その抑えがたい欲動に衝き動かされ、身を挺して生涯を完結させた作家の深奥に分け入る評伝。

1853 **実践 自分で調べる技術**
宮内泰介
上田昌文 著
調査の設計から、資料・文献の扱い方、聞き取りの方法、データの整理、発表や執筆まで、手順とコツを詳しく解説。

(2020.11)